★ ★ ★ ★ ★

QUALITY

KEYWORDS IN TEACHER EDUCATION

质量

教师教育中的关键词

［英］克莱尔·布鲁克斯（Clare Brooks）◎ 著

温沙沙　唐文焱 ◎ 译

中国纺织出版社有限公司

原文书名：Quality: Keywords in Teacher Education

原作者名：Clare Brooks

Copyright © Clare Brooks, 2023

This translation of Keywords in Teacher Education is published by China Textile & Apparel Press by arrangement with Bloomsbury Publishing Plc.

本书中文简体版经 Bloomsbury Publishing Plc. 授权，由中国纺织出版社有限公司独家出版发行。本书内容未经出版者书面许可，不得以任何方式或任何手段复制、转载或刊登。

著作权合同登记号：图字：01-2025-3645

图书在版编目（CIP）数据

质量：教师教育中的关键词 ／（英）克莱尔·布鲁克斯著；温沙沙，唐文焱译. -- 北京：中国纺织出版社有限公司，2025. 9. -- ISBN 978-7-5229-2741-1

Ⅰ. G65

中国国家版本馆 CIP 数据核字第 2025UZ1371 号

责任编辑：许润田　　责任校对：寇晨晨
责任印制：王艳丽

中国纺织出版社有限公司出版发行
地址：北京市朝阳区百子湾东里 A407 号楼　邮政编码：100124
销售电话：010—67004422　传真：010—87155801
http://www.c-textilep.com
中国纺织出版社天猫旗舰店
官方微博 http://weibo.com/2119887771
北京华联印刷有限公司印刷　各地新华书店经销
2025 年 9 月第 1 版第 1 次印刷
开本：710×1000　1/16　印张：7.25
字数：120 千字　定价：128.00 元

前　言

　　这本书以威尔士文化理论家雷蒙德·威廉姆斯（Raymond Williams，1976）首次提出的"关键词"概念为组织形式，力求对教师教育中表面上不成问题和固定不变的词汇进行质疑和颠覆。从威廉姆斯的角度来看，关键词是指在日常交流和写作中频繁出现的单词和短语，这些单词和短语使对话得以进行，同时揭示了不同文化、政治和历史背景下的深刻差异。在教师教育中，这类关键词包括实践、知识、质量和专业技能。分析这些关键词不仅可以帮助我们理解教师教育中术语的现有和新兴意义，而且有助于我们对这些术语所在领域的变化进行历史性和批判性理解。因此，通过分析关键词，我们可以阐明加利（Gallie，1955）所说的"本质上有争议的概念"的多种意义，并且从历史性和批判性的角度解析这些概念的各种含义。

　　在《质量：教师教育中的关键词》的第一版中，威廉姆斯收录了从"审美"到"工作"等108个单元的词条。1983年，威廉姆斯出版了此书的第二版，随后，其他作家也使用这一概念来扩展威廉姆斯的原始作品。例如，班纳特（Bennett，2005）等人；马克卡贝（MacCabe）和雅纳切克（Yanacek，2018），或将这一概念应用于特定领域，例如《社区研究》（*A Community of Inquiry*）。本书将其应用于教师教育领域。本书的目的与威廉姆斯最初的目的如出一辙：通过聚焦该领域的高频词汇，追踪特定领域的话语，以及与实践相关的意识形态的差异和社会冲突的演变。因此，《质量：教师教育中的关键词》并不是一本多卷本的词典。

关键词的分析超出了单纯的词源学或历史语义学的范畴。通过选择和分析关键词，威廉姆斯认为：

我们会发现词义的历史性和复杂性；有意识的变化，或者说有意识地采用不同的用法；创新、过时、专业化、延伸、重叠、转移；或被名义上的连续性所掩盖的变化，使得那些看似存在了几个世纪并具有连续的一般意义的词，实际上已经表达了截然不同或极度多变的意义，这些变化有时几乎没有被注意到。

鉴于教育政策和公众对教育的讨论都越来越关注教师教育，关注这一领域的关键词显得既及时又必要。发现和揭示教师培养词汇中的差异与冲突，可以使政策制定和公共话语所依据的政治和社会基础更加明显，从而更有能力采取行动。

通过这种组织方式，《质量：教师教育中的关键词》探讨了当前教师教育中最重要的话题和问题。这是一本短小精悍的书，采用通俗易懂的文风撰写，以一个关键词为出发点，深入审视其历史上的文化含义，同时识别其中的关键性意义和具有冲突性的社会力量及其物质后果。国际知名研究人员的撰写经过同行评审，对关键词进行了前沿分析，并对该领域内外的研究现状进行了深入解析。撰写该书的目的之一是使教师更系统地接触相关的人文社会科学文献，拓宽教师教育研究的视野。正如威廉姆斯所指出的那样，通过探索词汇、文本及其意义生成的多重背景之间的社会关系，来加深我们的理解并增强行动的潜力。

　　谁会不重视"质量"呢？"质量"虽然是一个"关键词"（代表一个本质上有争议的概念），但也是"陈词滥调"。它可能过于轻易地被人们使用，也许会让演讲者们和作者们觉得他们站在了"辩论"的正确一方（例如，好像没有人会主张"低标准"）。事实上，"优质"教师与"优质"教学之间的区别本身就值得研究，因为这是对一个大规模职业极其重要的区分，区别在于评价人（允许成为教师的"合适"人选）还是评价其工作。

　　就教师而言，"质量"在公平和多样性方面并非"一尘不染"。"优质"教学的定义往往与某种意识形态有关，就像教师的行为和学生的成绩有关一样。正如克莱尔·布鲁克斯（Clare Brooks）在《质量：教师教育中的关键词》中指出的那样，"质量"一词的使用频率似乎越来越高，因为政策制定者们越来越受经济学的影响，如将学生在国际学生评估项目（PISA）等国际评估中的表现与国内生产总值（GDP）等经济生产力指标联系起来。有一种观点认为，教师和教学方面的"质量"是政策制定者可以控制的，且在影响学生成绩方面具有决定性的作用。虽然大家普遍接受了教学的"质量"是影响学生学业成就和成果的最重要的在校因素，但"优秀教师"和"优质教学"的修辞意图是尽量减少其他社会力量的影响，这些社会力量才是在教学质量整体上产生最大影响的因素，比如贫困。布鲁克斯对教师教育领域中"质量"这一用词的"空洞"和"不明确"的本质进行了探讨，并展示了如何通过对这一重要关键词的拓展性理解来赋予教师、教育工作者及师范生更大的力量。

目　录

第一章
为什么优质教师教育如此重要？

Why Does Quality Teacher Education Matter So Much?

第一节　为什么质量是教师教育的关键词

雷蒙德·威廉姆斯在其颇具影响力的《关键词》(*Keywords*)一书中指出了一系列具有特定复杂含义的常用词汇。他的文章不仅探讨了这些重要词语的词源，还试图揭示它们的文化含义。在此过程中，威廉姆斯试图揭示围绕一个词的"正确"含义所展开的政治斗争，以及不同的解释如何产生深远的影响。在教师教育中，"质量"无疑就是这样一个词汇，关于它的"正确"含义有很多讨论。如何定义教师教育中的"质量"，对政策、实践以及教师如何理解对他们的期望都有很大的影响。质量的概念在多数情况下都难以辩驳（谁想要质量差的教师教育呢）。各种方法和举措往往都以"质量"一词为前缀，将其作为一个形容词使用，但特别是在这种情境下，往往没有解释其确切含义。

大家都一致认为需要"高质量"的教师教育，但对于"高质量"教师教育的含义，实践中的"高质量"教师教育是什么样的，以及谁应该为"高质量"教师教育的定义和辩论作出贡献等问题，却几乎没有达成共识。事实上，教师教育的一个长期问题是，对"质量"的普遍关注似乎是由一系列国际趋势、国家或地区政策举措所驱动的，而这些趋势、国家或地区政策和举措却脱离了对"质量"负有责任的教师教育工作者，也脱离了对教育和培养新教师有着切身利益的学校部门。换句话说，教师教育的"质量"既可以被看作一个政策问题，也可以被看作一个实践问题，涉及众多利益相关者，而这些利益相关者对"质量"的理解也存在分歧。

在本书中，我将解读教师教育中"质量"这一词汇被赋予的不同含义和视角。在第一章中，我首先关注的是，随着时间的推移，人们是如何对"质量"做出不同解释的，以及为什么"质量"会成为与教师教育相关的政策、实践和问责中的一个主导关键词。在第二章中，我概述了试图定义优质教师教育的研究，并回顾了从这些研究中得出的相关信息和难题。在第三章中，我探讨了通过问责措施评判质量的不同方法，以及各种衡量标准和尺度的使用，并考虑了这些标准和尺度可能对教师教育实践产生的影响。在第四章中，我探讨了实现优质教师教育的两种替代方法：替代性办学和发展研究导向，并回顾了评估这两种方法成功与否的研究。在第五章中，我探讨了教师教育工作者如何根据各种政策和问责制的变化调整自己的做法，以保持、发展或维持教师教育的质量。总之，整本书探讨了优质教师教育的各种不同方法和含义，并考察了这些方法含义的实际应用。

首先，我想明确在讨论与教师教育相关的质量问题时，我指的是什么。在整本书中，我将重点讨论旨在提高教师教育质量的定义、方法和举措。毫无疑问的是，有关教师教育质量的讨论与有关教学质量和教师质量的讨论密切相关。然而，就像人们经常假设高质量的教师和高质量的教学之间存在关系（反之亦然）一样，我们必须明确的是，高质量的教师教育将导致高质量教师的认证或资格，或此类课程的毕业生将教得好，这也是一种假定。然而，高质量的教学和高质量的教师并不是本文的重点，尽管我们会在文中提及。教师一旦毕业并获得教师从业资格，就会有许多可能会影响他们教学的因素，包括与教师本身有关的因素、他们工作的学校环境，特别是影响他们的问责措施。换句话说，教师教育课程本身并不能决定一个人是否是好教师，也不能决定他能否教好书。其他与个人、学校和社区相关的因素也会影响教师个人（或教学）的质量。这并不是说教师教育课程的质量无关紧要，但还有其他重要因素可能会影响人们是否认为某人是一名优秀教师，或影响他们是否能够教好课。

在本书中，我还特别关注以职前（或准教师）教师教育为重点的研究。这些实践范例和小故事来自我作为教师教育工作者的亲身经历、与同事的研究合作，特别是我在2018~2020年期间对美国亚利桑那州、新西兰奥克兰市、澳大利亚布里斯班市、英国伦敦市和加拿大多伦多市的高质量、大规模教师教育项目所做的研究（Brooks，2021）。我将这些作为适应性实践的范例，但也参考了该领域的大量文献。虽然我认识到围绕初级教师教育的许多衡量标准、判断和论述可能适用于教师持续的专业发展或在职教育，但重点是要在教师职业学习之旅开始时就认识到质量的重要性和初级教师教育可能需要的一些基本要素。进一步的专业发展应取决于并反映教师个人的需求以及他们所处的学校和社区环境。有鉴于此，除非另有说明，教师教育将指职前或准教师的教师教育。

第二节 "优质"教师教育的定义

科克伦·史密斯（Cochran Smith，2021）在论述教师质量时指出了两个重要趋势：首先，麦肯锡公司的报告认为教师质量最容易受到政策影响，将教师质量与经济表现联系在一起（Barber，Mourshed，2007）。正如科克伦·史密斯（Cochran-Smith）指出的那样，"教育系统的质量不能超过其教师的质量"这一逻辑的影响是广泛的，并影响了全球的报告、演讲和政策文件。其次，"教师最为重要"的口号是基于对教师质量含义的一种相当简单化的理解，主要源自经济学家哈努舍克（Hanushek，2002）对教师质量的定义，即优秀教师是那些能使所教班级的学生成绩大幅提高的教师，并认为这应该是政策的重点。这种简单化的观点在今天依然可见。在澳大利亚发布的《下一步：职前教师教育质量审查报告》（*The Next Steps: Report of the Quality of Initial Teacher Education Review*，Paul，Louden，Elliott，Scott，2021）中指出，"经过认证的 ITE 项目的目标是培养出达到《教师标准》的毕业生毕业，并掌握相关工具和知识，以帮助学生在任何给定的时间内实现一年的学业成长"。在这种定义质量的方式中，教师教育乃至教学的目的被规范地定义为纯粹的学业成就。

以这种方式来定义教师质量，就否定了教育对个人、社会和文化的影响。教师质量被狭隘地从经济角度来看待：不仅与教育和国际竞争力之间的关系有关，而且与如何评判教师质量有关。即通过一种简单的投入产出逻辑来评判。这种空洞的质量定义方法在教育的其他方面也受到了批评。例如，塔图（Tatto，2021）批评了基于计量经济学分析在教育决策中的主导地位。她以美国为例，特别提到了增值方法（VAMs），概述了教育政策议程如何变得依赖于计量经济学研究的工具，并正在取代教育研究的洞察力，成为为政策和实践变革提供信息的权威数据来源。她还指出，教育研究还无法应对这种转变。以计量经济学为基础的方法将教学概念化，这有悖于教师工作的实际情况。

一个主要的问题是，这些使用增值模型（VAMs）的分析师并不参与日常的教学工作，也不参与培养未来教师的工作，因此缺乏必要的专业知识和合法性，无法以有意义的方式为知识生产做出贡献，而知识生产是为教师职业提供政策和实践信息所必需的。

（Tatto，2021，p. 28）

塔图的论点是，这种方法不仅使研究与实践脱节，而且受制于仅以成绩为导向的成功教育理念，依赖于二手数据集，因此具有严重的局限性。这不仅压制了教育专业人士的声音，限制了其专业知识的使用，使其无法确定自己的知识基础，而且还有可能用狭隘的术语来定义质量，并带有客观性的幌子。此外，此类研究也无助于解释为什么有些教师教育方法被视为"优质"或优于其他方法的。

为了理解高质量的教师教育，或者理解为什么有些方法被认为比其他方法更有质量（质量往往是一种比较或相对的判断），必须考虑如何以更符合广义教育的方式来思考质量问题。

第三节　教育中的"质量"

李·哈维（Lee Harvey，2007）在高等教育质量方面的研究对质量和标准进行了区分，他认为许多质量定义与质量保证更为一致，而不是对质量本身的理解（表1.1）。他认为，质量和标准指的是教育办学的不同方面，用于不同的目的：质量保证机制本身并不提高教育办学水平，而是一种管理过程，履行问责、控制和合规方面的职能。

质量之于质量保证，正如智力之于智商测试。例如，高等教育的质量涉及学习的本质。质量保证就是要让别人相信学习过程是充分的。

（Harvey，2007，p.5）

关于教育和教师教育质量的讨论往往侧重于最合适的衡量标准，以及可用于通过结果判断质量的指标，而不是关注学习本身（Bartell，Floden，Richmond，2018；Firestone，Donaldson，2019；Gewirtz，Maguire,Neumann，Towers，2019；Skedsmo，Huber，2019）。

表 1.1　质量和标准的定义

质量	定义
卓越	卓越是一个与"优秀"概念相关的传统概念，通常是指学术成就的标准特别高。如果超过了标准，就达到了质量要求
完美或一致性	完美或一致性注重流程，并设定其所要达到的规范。从这个意义上讲，"质量"可以概括为"零缺陷"和"第一次就把事情做对"这两个相互关联的概念
适用性	适用性指以产品或服务是否符合其所声明的目的来衡量其质量。目的可能是由客户定义以满足其需求（在教育领域），也可能是由机构定义以反映机构使命（或课程目标） 注：有些人认为"目的适用性"是对质量的定义，但这只是对适用性参数的规定，其本身并不是质量概念本身的定义
资金效益	资金效益指以投资回报率或支出为标准评估质量。教育领域的"物有所值"理念的核心是责任意识。包括教育在内的公共服务被期望对资助者负责。越来越多的学生也开始从"物有所值"的角度考虑自己在高等教育上的投入
变革	变革指将质量视为一个变化的过程，在高等教育中，通过学生的学习经历为他们增加价值。教育不是为顾客提供的一项服务，而是参与者不断转变的过程。这导致了教育中两种变革性的质量观念：提升消费者和赋权消费者
学术标准	学术标准指达到特定学术水平的能力。就教育学而言，学术标准指学生能够完成特定教育阶段所指定的任务的能力。通常是指个人在达到指定（或隐含）的课程目的和目标方面的能力，通过评估作业的成绩来实现。就研究而言，可以开展有效学术研究或创造新知识的能力，通过同行认可进行评估
能力标准	能力标准指在一系列能力方面达到了规定的能力水平。能力可包括雇主要求的一般可转换技能；获得学位或毕业后学术学徒制中隐含或明确的学术（"更高层次"）技能；与入职专业相一致的特殊能力
服务标准	服务标准指是否制定了措施，根据规定的基准评估所提供服务的确定要素。评估的要素包括服务提供者的活动和提供服务的设施。学生章程等"合同"中规定的基准往往是量化的，仅限于可衡量的项目 对客户意见（满意度）的事后测量被用作提供服务的指标。因此，高等教育的服务标准与消费者标准并行不悖
组织标准	组织标准指获得正式认可的系统，以确保有效管理组织流程和明确传播组织做法

在高水平的治理和监督下，教师教育容易受到某些质量定义的影响，这些定义更容易从质量保证或标准的角度加以界定，因为它们更容易形成衡量标准、措施和指标，第三章将详细讨论这些问题。而质量的其他维度，如转变，则更难量化，因为它们的可观察性较弱，影响不那么直接，对个人而言也更加个人化（Evans，2011；Halász，Looney，2019）。哈维认为，难以衡量并不意味着它们会被遗忘（第四章和第五章概述了试图从不同角度看待质量的方法）。

然而，关于教师教育质量的讨论并不总是清楚质量是如何定义的：它往往是一个空洞的概念。质量在某种程度上是可以被衡量和观察的，通过教学成果的结果，或对于教师教育而言，通过教师的教学成果对学生的影响，来衡量和观察，这一简单的概念受到了广泛的批评。正如比斯塔（Biesta，2021）及其同事所言，市场的逻辑并不是教育的逻辑，使用市场原理并注重指标和衡量标准来显示附加值的后果实际上是"反教育的"，因为它们转移了人们对被衡量对象的注意力。这一点也反映在新教师的经历中，他们会在官方对"质量"的定义与他们所认识到的对其发展的重要性之间产生矛盾（Sullivan，2020）。

"质量"一词的使用无处不在，以至于它已成为一个定义不清的形容词（Alexander，2015），被贴在某项活动上，如优质教学、优质学习，却没有明确的意义来说明什么时候是值得被使用的。在某些情况下，"质量"被当作一种口号使用，以表明某种东西在某种程度上"更好"了，尽管"更好"的概念并不存在或定义不清（Biesta 等，2021）。

哈维的分类法详细阐述了"质量"一词的不同使用方式和可能指代的内容。例如，根据一套教师标准或能力标准取得的成绩，或在学生满意度调查方面取得的高分（即服务标准）都可以作为"质量"的专有名词，但反映了对什么是有价值的或什么是重要的不同看法：一门服务标准得分很高的课程可能会让学生满意，但这并不意味着他们可以教得很好，不过如果他们教得不好，很可能学生就不会那么满意了。换句话说，对某些标准的重视程度高于其他标准，反映了人们所重视的是什么，而不是明确表明某些标准天生就比其他标准"好"，或者它们更能说明教师教育的"质量"。"质量"往往是相对而言的，强调某些方法可能导致在某些指标上取得更高的绩效。然而，如果说优质教师教育有一个适用于所有情况和所有背景的神奇公式或定义，那将是一种误导。"质量"的用法多种多样，有不同的概念和解释。

一些被认为质量高的课程或项目依赖于特殊性或卓越性的概念：例如，通过设定高入学要求或严格的入学评估。哈维指出，质量可能被解释为排他性或特殊性，这可能是由于质量往往与有声望的机构相关联。在这种情况下，这里的质量可能更多地与观念和进入社会网络有关，而不是与其所提供的学习体验的变革性质有关。

换句话说，当我们讨论教师教育的质量问题时，重要的是要探讨为什么某些东西被认为是"质量"的基本假设。如果说质量可以通过达到一系列、专业标准来决定，这就意味着一种线性关系：这些标准本身就是对更高质量的权威性说明，这表明：

一种明确的观点认为，符合要求就能培养出合格的毕业生，这一过程可以通过可衡量、可观察的变量来检验。

（Harvey，2007，p. 13）

当然，这种说法也会受到质疑。斯莱特（Sleeter，2019）指出，质量很可能是由那些有权力的人定义的。还有人认为，教师教育工作者应该"重新找回责任感"，强调民主和社会正义等其他价值观（Cochran Smith 等，2018），或者关注教师需要的"核心实践"或课堂行为（Grossman，2018；Grossman，Kavanagh，Dean，2018；Grossman，Pupik Dean，2019）。这些论点虽然避免了标准概念的局限性，但仍无法全面描述高质量教师教育项目或课程有可能将一个人转变为教师的原因。

第四节　高质量的教师教育是变革

比斯塔认为，要理解质量，就必须对教育有一个概念。如果从狭义的成绩角度来理解教育，如教育的目的仅是通过考试，那么质量的评判标准就是是否达到了成绩目标。如果把教育看作是开拓视野，而不是限制视野的过程，那么这种更宽泛的教育观与比斯特所说的"超越"（transcendence）则更为契合。这种超越需要对质量有完全不同的理解，比如哈维所描述的"变革"（transformation）。

在教育领域，特别是成人高等教育学习中，"变革"这一概念经常被使用。例如，可以参考梅齐洛（Mezirow，2000）关于变革性学习的观点以及内托利奇（Netolicky，2019）对变革性专业学习的构想。教育领域的变革意味着受教育者本人的改变：这种改变意义重大，能够解放受教育者并赋予其权利。这种变革要求对当前的信念和行动进行评估和重新评价。正是通过教育过程，这些信念和行动才会发生形式上的变化。教育过程并不一定规定这种形式上的变化是什么，但必须是发生这种形式上的变化，教育过程才能被视为教育过程（Harvey，Knight，1996）。

变革的理念已在高等教育界的某些领域被广泛接受，并被教师教育用作支持行动主义取向的一种方式。例如，肯尼迪（Kennedy，2018）借鉴萨克（Sach，2003）的"行动主义专业人员"（activative professional）理念，描述了一个以变革理念为导向的教师教育项目。肯尼迪强调，这种方法使新教师能够参与到真实的专业体验中，他们在整个课程中作为大学和学校社区的一部分，为自己的学习负责，从而实现理论与实践的真正融合（更多内容见第五章）。这反映了哈维关于"变革"的理念，即把不是教师的人转变为教师。被视为转型的优质教师教育替代了诸如结业率和就业率等指标，并且包含了与教师职业期望相关的更广泛的教育视角。

将变革作为职前教师教育质量的标志并非没有挑战。虽然在许多地方，获得教师资格的过程意味着要达到某些规定的能力标准或专业标准，但这可能与规定性较少的转型目标不一致。此外，由于转型是一个涉及变化的内部过程，因此很难被观察、记录或衡量。变革的过程或结果可能是不可见的。

因为没有简单的指标，也没有不言而喻或理所当然的标准来判断学生是如何被赋予批判性反思学习者的能力。

（Harvey，2007，p. 10）

然而，如果不进行变革，计划就只是传授教学知识，而不是支持个体成为教师。

贯穿本书的一个关键主题是，当质量与问责制相混淆时，当教师教育工作者不得不遵守问责制措施时，就很难制订改革计划。这实际上是"反教育"的。教师教育工作者常常发现，他们不得不绕过或颠覆那些阻碍改革实践的问责措施（详见第五章）。这些教师教育工作者明白，改革需要形式上的质变，正如哈维和奈特（Knight，1996）所言，这需要提高参与者的能力并赋予其权力。过于规范的立法和监管结构会阻碍教师教育项目和教师教育工作者行使这种自主权。

第五节　为什么优质教师教育是一个问题？

在确定了对质量有不同的思考方式之后，有必要思考一下为什么质量已成为教师教育以及围绕教师教育相关讨论的一个主要话题。这可以被视为一个常识性问题：谁会主张劣质的教师教育呢？推动促进高质量教师教育的政策也并不是新现象：在英国，早在 1983 年和 1987 年的政策白皮书中，质量就已成为标题。但最近，人们对与教师教育、教师和教学有关的质量问题的关注普遍增加，科克伦·史密斯指出，这已成为"国际教育政策讨论中的通用术语，特别是在与教学标准、教师评价政策与实践、教师培养实践与政策以及教育制度比较有关的讨论中"。

如前所述，在提出改进或进一步考虑质量问题时，经常会引用两个驱动因素，即经济增长和政策影响。

- 优质教育对经济增长非常重要，受国际学生评估项目（PISA）和国际数学与科学教育成就趋势调查研究（TIMSS）等国际排名表兴起的影响，各国担心在代表该领域国际竞争力的排名表中被"抛在后面"。鲍尔（Ball，2003）指出，这通常是通过危机叙事来实现的，危机叙事被用来证明采取紧急行动的必要性；巴恩斯（Barnes，2021）指出，这一因素在澳大利亚媒体中尤为普遍。

● 正如麦肯锡公司的报告所指出的，优质师资是可以受政策影响的一个领域。

这两个论点都有一个简单化的逻辑，即优质教师对优质教育非常重要，优质教育反过来又会促进经济竞争力，而拥有优质教师的关键在于确保通过优质教师教育来培养他们。注意，这里强调的是优质教师，而不是优质教学。不仅支持这一论点的证据和数据受到质疑（Pachler，2013；Jerrim，2011），而且这一论点经常依据的麦肯锡公司报告（Barber，Mourshed，2007）实际上也指出，结果的最大差异可归因于社会背景和学生本身，但"可能受政策影响"的最重要影响因素是教学，尤其是"教师质量"（OECD，2005，p. 26）。

这句话有两个方面特别值得注意。康奈尔（Connell，2009）强调一方面是，该声明表明经济合作与发展组织（Organization for Economic Co-operation and Development，OECD）并不认为社会因素属于政策影响范围，而是将政策主动权放在教师身上，并非其他社会因素上。另一方面是，该声明将重点放在教师身上，从而将注意力从教育系统的其他重要部分转移开来。教师并非独自决定如何开展工作的。教学工作受到一系列的影响和控制：检查制度、考试、奖励结构、管理干预。这些都有意无意地影响着教师的工作。说教师是最有影响力的因素，这就把关于改善教育和教育弱势的讨论的注意力集中到教师身上，使他们成为"改革的主体"（Ball，2008）。将注意力集中在教师身上，将教师的素质集中在教师教育工作者身上，会忽视或淡化教师和学校周围的基础设施、政策效应、社会和更广泛的影响因素在创造教师开展工作的条件方面所发挥的作用。

然而，在职教师和学校也提出了一些问题，认为教师教育需要改进，因为新获得教师资格的教师没有做好准备，无法胜任预期的工作。这可以归咎于当前教师教育实践所依据的方法或理论，但往往也与一种论点相结合，即如果把教师教育从大学转移到更注重实践的环境中，就会更好（更多内容见第四章）。这一论点的基础是对教师教育尤其是以大学为基础的师范教育过于脱离教学的担忧。

科克伦·史密斯及其同事指出，当提出这一论点时，教师教育就成了一个问题。这一问题可能归咎于监管或问责方面的缺陷，通过引入更多的问责措施来解决这两方面的问题；也可能归咎于课程的配置及其如何将理论与实践联系起来。这些论点不仅争论激烈，而且基于不同的有效性概念、不同的学校教育理念和不同的逻辑推理。然而，对于教师教育中理论与实践之间的矛盾关系的关注由来已久（Richert，1997），并且似乎是一个长期被关注的问题。

有人对在远离课堂实践的大学里培养教师表示担忧。在大多数体系中，教师教育是最近才被引入大学体系的（Moon，2016），正如拉巴里（Labaree，2006）所指出的那样，教师教育从未真正在学术界中"安身立命"。在国际上，将教师教育从师范学院转入大学的目的是使教学专业化并提高其地位。人们希望通过与教育研究的密切联系来实现教学的专业化并提高其地位，来吸引更高素质的人才。然而，将教师教育迁入大学的做法并不总能取得预期的效果，在入学率提高的情况下，提高教师地位的努力与使用非合格教师或紧急认证教师以满足新教师需要的需求产生了冲突。教师仍然被视为一种地位较为低下的职业，如果它确实被视为一种职业的话。

人们对以大学为基础的教师教育的担忧是，这种教育培养出来的教师不合格，因为它与实践脱节，且过于理论化（如霍姆斯小组在1986年报告中概述的论点）。随着阿瑟·莱文（来自师范学院）和阿恩·邓肯（奥巴马总统的教育顾问）等重要人物加入讨论，这成为一场备受瞩目的辩论。在当时，甚至在今天，新晋教师都会对教师教育持批评态度，因为他们在开始职业生涯时感到准备不足。然而，蔡克纳（Zeichner，2017）坚定地捍卫了关于大学教师教育质量的公开辩论，认为这是出于政治动机，并受到他所描述的错误引用证据、回声室效应和知识傀儡化的影响。

不过，即使这种担忧是出于政治动机，他们所提出的问题也值得进一步关注。蔡克纳承认，不同大学之间的教师教育质量存在很大差异，哥德哈伯（Goldhaber，2018）也承认，所提出的批评可能有一些经验证据。大学普遍认识到，教师教育并不总是像我们希望的那样好（Teacher Education Exchange，2017），而是还有改进的空间。但是，规章制度和问责措施之间存在着一定的关系，它们可能会限制或约束教师教育课程中可能出现的情况，而这些情况往往归因于大学办学机构无法控制的因素，如成为教师的时间限制，或规定使用的评估机制。此外，正如蔡克纳所强调的，这并不是一个公平的竞争环境：非大学办学机构可以获得私人和公共资金，如从风险慈善事业中筹集的资金，而公共资金并不匹配，大学也无法获得这些资金。因此，创新、发展和其他形式的学校合作关系并不总是可能的。蔡克纳在谈到美国教育时认为，批评的焦点和不友好的筹资环境使替代性提供者享有特权。

在美国也可以看到类似的趋势。1998 年出版的《希拉奇报告》(*Hillage Report*，Hillage，Pearson，Anderson，Tamkin)指出了英国大学教师教育的类似问题，认为大学教师教育过于理论化、碎片化，对教师的专业实践没有帮助。通常来说，在英国，人们对大学教师教育的辩护主要围绕其贴近研究的特点。然而，2015 年的《卡特评论》(*Carter Review*)强调，即使在研究密集型大学，研究人员也没有充分参与到教师教育课程中。正如普林格(Pring，2017)所指出的，对教学产生重大影响的研究(他以社会不利条件的影响、定量分析和智商测试的使用为例)往往来自师范教育之外的其他院系，这也是事实。

在英国，基于大学的教师教育受到了特别的敌视和排斥。英国前教育部长迈克尔·戈夫(Michael Gove)将这些描述为"一团糟"和"承诺的敌人"，这加剧了富尔隆(Furlong，2019)所说的"嘲讽的言辞"。其历届教育政策都有意将学校主导的教师教育放在首位，旨在破坏和边缘化大学在教师教育中的角色(Department for Education，2010)，而最近教育部所谓初任教师培训(Initial Teacher Training，ITT)市场审查(Department for Education，2021)的全面审查又使这些政策变得扑朔迷离。有趣的是，针对此次审查，整个教育界都对审查以及所有需要寻求重新认证才能成为教师教育办学机构的情况表示谴责，但在此之前，大学在回应批评和政策转变方面一直有些被动，导致一些人呼吁重新振兴教师教育(Ellis，Souto-Manning，Turvey，2018；Teacher Education Exchange，2017)。

澳大利亚和其他国家也有类似的趋势。康奈尔(Connell,2009)、林(Ling,2017)和萨克斯(Sachs，2015)强调了澳大利亚的相同趋势，新西兰的政策文件也提到了类似的担忧。早在 2008 年，格罗斯曼(Grossmann)就警告说，如果教师教育工作者不认真对待这些批评,其他组织就会试图取代大学在教师培养方面的垄断地位。这种趋势是市场化和集中控制的问题,梅耶尔(Mayer)将其称为新自由主义教育政策。新自由主义通过使用看似温和的术语来包装这些方法:市场化、选择、去监管和问责制。但这些政策并非无害:它们使从事教师教育的大学面临越来越恶劣的环境,而这些大学往往没有做好应对准备。更令人担忧的是,它们将关于"优质"教师教育的辩论从负责此事的机构(即大学和学校)中带出,交到了政策制定者和政策影响者的手中。

在世界的其他地区,教师教育所面临的挑战再熟悉不过:对教师质量的担忧、教师招聘的问题以及优质教师的供应,尤其是向农村或偏远社区供应优质教师的问题,在全球南部的许多国家都普遍存在。陶(Tao,2016)认为,全球南部国家的教师往往被形容有缺陷、不可靠和不专业的,但这些形容并没有考虑到教师的行为和能力是如何受到限制的,以及这往往是如何与性别不平等、农村教育需求、贫困和充足的基础设施等更广泛的问题联系在一起的。联合国教科文组织等全球性组织围绕教师地位问题采取了一系列举措,包括使用规范性文件、教师政策和战略等,旨在支持教师教育和提高教学质量。

然而,这些趋势和方法可被视为萨尔贝格(Sahlberg,2010)所指的全球教育改革运动(Global Education Reform Movement,GERM)的一部分。正如梅耶(Mayer,2017)所指出的,这导致了教育政策的共性,其基础是国际上广泛采用的有限的政策干预措施。旨在解决教师质量问题的干预措施包括引入并主导教师标准、教师教育机构的认证程序以及提供检查制度。这些措施构成了鲍尔(2008)所说的"绩效技术",导致了治理模式而不是政府模式。换句话说,这些策略并非是提高教师教育质量的策略,而是管理教师教育和缩小教师教育讨论范围的方法。当使用基准来评判教师教育时，其影响可能是降低对超越基准课程的期望，或者阻止创新方法的发展，从而影响教师教育的质量。虽然放松对教师教育的管制和集中认证有可能为教师教育开辟新的和另类的途径（正如在一些国际背景下所看到的那样），但其后果是全球教师教育运动的发展，正如那些与"全民教育"网络相一致的运动，尽管有一些积极因素，但它们在成功率和保留率方面的记录也是令人怀疑的（Ellis 等，2015；Thomas，Rauschenberger，Crawford-Garrett，2020）。

与此同时，在教师教育中拥有既得利益的利益相关者的影响力和数量也在增加，林（2017）在谈到澳大利亚时，将这种情况描述为超级复杂性。在教师教育方面，学校一直是大学的长期合作伙伴。现在，教师教育通常由各种监管机构监督，即州或国家层面的政府教育部门。教师标准和认证程序可能由这些机构或认证委员会、机构或专业协会"拥有"。这些机构对教师教育课程的内容、方法、评估和形成具有广泛的影响。此外，在认证谁能成为教师教育的提供者、谁能批准和颁发师范生的资格证书、谁能检查和监管供应等方面，情况也越来越复杂。而几乎没有证据表明，这种复杂性导致了质量的实质性提高。

这些利益相关者的复杂的网络和问责制措施的广泛使用，都把教师和教师教育作为"改革的主题"。所有这些基础设施和治理方面的问题都与意识形态和政治方面的压力相关联，这些压力促进了政策制定者和政策影响者对教师教育的特殊看法，这些看法不仅渗透到有关教师教育的公开讨论中，而且影响了教师教育的改革。问责制度现在已成为教师教育领域中无处不在的一部分，它淡化了民主、公平和社会正义等重要价值观，而使教师教育的重点放在了被称为"成就"的狭隘的成果衡量标准上。它们主导着关于质量及其定义的讨论。

在这些改革的背景下，我们对教师教育质量的理解也发生了变化，因为对它的描述、判断、评估和重新评估的方式各不相同。正如本书各章将继续探讨的那样，因为有关质量的讨论将注意力集中在一些狭隘的要素上，以有限的方式回应了对教师教育的批评。从这个意义上说，我把教师教育质量描述为一个难题（Brooks，2021），或者说是一个棘手的问题，它可能会歪曲或影响旨在改进实践的做法，但也可能产生反作用。过于狭隘地关注教师供应问题，或侧重于衡量质量的方法，都会使实践偏离转型的方向。因此，本书重点关注与质量有关的关键问题，但也承认，这些问题的答案可能因不同利益相关者的观点和价值取向而有所不同。

因此，本书的核心思想有两点。

一是如何赋能教师教育者，使他们的适应能力被认可为影响教育质量的关键因素，同时要认识到这种适应能力受限于诸多不可控因素。二是这并非忽视体制性因素对教师教育等重要实践的影响，而是为了强调教师教育者在面对各种影响其工作的外部因素和举措时，所具备且能够运用的主观能动性。

第二章

什么是优质教师教育？

What
Makes for
Quality Teacher
Education?

第一章着重指出教师教育质量往往定义不清，具有很强的背景性，而且在使用时具有各种不同的含义。有一些评论试图对决定教师教育质量的显著特征进行分类和归纳，尽管这些评论往往是受政策改革和评论的委托或与之相关的（Hulme, Rauschenberger, Meanwell, 2018）。此类评论本身的质量经常受到质疑，正如劳登（Louden, 2008）的文章标题——《101 次诅咒：澳大利亚教师教育的持续批评和证据缺失》所反映的那样。

许多这类评论和总结指出，由于相关变量众多，尤其是师范生先前的教育背景和经验，以及与实习学校的合作安排，很难就有效的教师教育课程得出结论。事实上，正如门特等人（Menter, 2010）所指出的，这些审查的研究基础往往是"碎片化的、非累积性的，包含有大量'一次性'的单一群体研究"。因此，他们认为，教师教育领域的评估性研究很少，并引用柯比及其同事的观点，称："虽然充斥着华丽的辞藻和创新的思维，但令人遗憾的是，教师教育改革缺乏客观评估"（Kirby, McCombs, Barney, Naftel, 2006, p.25）。

然而，达林·哈蒙德及其同事（Darling Hammond, 2000, 2006, 2017, 2021）对教师教育课程进行了多项评审，这些课程都是在广泛收集了从业人员、学者、雇主和毕业生的高质量证据后选定的，其研究结果获得了广泛关注。他们对美国知名课程进行了研究，确定了一系列共同特征，并在后来的国际研究中进一步扩展，该研究确定了以下特征。

● 一致性，基于对良好教学的共同理想，以对学习的理解为基础，并渗透到所有课程和临床经验中。

- 以实践为背景，以儿童和青少年发展、社会和文化背景下的学习、课程、评估和学科教学法等方面的知识为基础，开设强有力的核心课程。

- 广泛的、相互关联的临床经验，经过精心设计，以支持可同时进行的、紧密交织的课程中提出的观点和实践。

- 明确的专业知识和实践标准，用于指导和评估课程学习和临床工作。

- 明确的策略，帮助学生正视自己根深蒂固的学习信念和假设，了解他人的经验。

- 与实践相结合——如"行动研究"及相关方法，如让教师参与研究并分析他们自己的实践，包括反思和改进的循环。

- 加强学校与大学之间的合作，在学校和大学的教师中发展共同的知识和共同的信念，使候选人能够在专业社区中学习教学，为不同的学习者和成人的共同学习提供最先进的实践模式。

- 以专业标准为基础进行评估，通过使用绩效评估和作品集展示关键技能和能力来评估教学，支持"适应性专业知识"的发展（Darling-Hammond，2006，p. 276）

哈默尼斯和克莱特（Hammerness，Klette，2015）将这些因素归纳为三个类别，并通过对有关质量指标的一系列国际经验证据的探索，建立了一个与愿景、一致性和实践机会相关的指标清单，总结如下。

愿景的指标包括：

- 明确的优质教学愿景；

- 愿景详细而具体；

- 为教师和学生所熟知并理解；

- 与具体策略或教学方法相关联。

连贯性是指理论与实践之间的联系，具体表现：

- 愿景如何影响计划中的学习机会；

- 被教师和学生认识和理解，他们重视这一愿景；

- 课程内容可以传达类似的教学理念，并要求学生将理论与实践相结合；

- 实习期间，实习教师借鉴大学课程，大学课程借鉴学校的实践经验。

实践的机会通过以下方式得以体现：

- 作为教师的角色，以及教学的规划和实施；

- 分析学生的学习情况，了解他们的观点；

- 考虑教材和资源；

- 关于学校实习经历和学生教学的讨论；

- 与教学模式、国家和地方课程及背景有明显联系。

哈默尼斯和克莱特利用这些关键指标来分析不同的教师教育课程是如何努力将理论与实践联系起来的：列出了它们所包含的一系列实践。然而，哈默尼斯和克莱特指出，这些只是课程中包含的要素，是指标，它们并没有提供质量的概念。换句话说，他们认为他们的数据并没有机会揭示质量的概念，而是揭示了机会存在的可能性。这对于任何有关优质实践的综合研究来说都是一个关键的发现，因为学习机会的存在并不意味着它们对学习者产生了预期的影响，也不意味着它们是优质（或变革性）教育实践的标志。

其他试图比较不同教师教育方法的研究也证实了这一结论。例如，英格和洛伯（Ing，Loeb，2008）在对被视为替代性培训项目的质量和有效性进行审查时发现，将质量归因于个别措施或方案要素，如方案设计、伙伴关系安排或教师候选人的特征等是不可能的，因为每个指标都可能超过其他指标的影响。对教师来说，课程的成功与否与支持和抵消个人经历的方式有关。因此，教师教育方法可以针对候选教师个人、课程设置或实习学校环境进行调整。换句话说，他们认为，当课程对个人的需求、进步和成就作出反应时，课程的质量或成效就体现出来了。

大多数教师教育课程都包含一系列类似的活动或学习机会，或多或少地包括以下活动：

- 授课课程 / 研讨会；

- 课堂经验；

- 反映近似实践的活动（Grossman，2018）；

- 教学实践；

- 指导；

- 形成性反馈；

- 总结性反馈；

- 课程观察；

- 作业 / 评估；

- 作品集；

● 反思活动。

一个方案的质量取决于这些要素之间如何相互作用，而教育愿景的连贯性又是其基础。它还取决于体验本身的质量，以及为帮助个人理解体验而提供的支持。换句话说，虽然它们提供了学习的机会，但其存在本身并不等同于高质量的教师教育，也不等同于变革性的经历。愿景和连贯性因素将证明这些要素在课程中的结合程度，但该课程的质量也与学习经历在多大程度上符合个人的特殊需求以及他们所处的环境有关。

第一节　将教师教育实践确定为"核心"

第一章提到，教师教育需要改进，因为新教师感到没有为课堂教学做好充分准备。因此，我们可以从这个角度来审视教师教育课程的具体内容：它是如何为新教师上课做好准备的？有什么证据表明某些方法比其他方法做得更好？

在英国，针对英国政府公布的其专家组对初任教师培训的市场审查所提出的一系列建议，以及对该报告缺乏证据支持的批评，经济学家萨姆·西姆斯（Sam Sims，2021）发表了一篇文章，他认为，围绕以实践为基础的教师教育所开展的研究是高质量教师教育方法的最佳证据，这些研究表明"如何能够以一种尊重教师工作的情景和复杂性质的方式将理论与实践结合起来"（第 29 页）。在与西姆斯的后续谈话中，他指出这只是基于他对研究的阅读，因为他并没有教学或教师教育方面的亲身经历，也没有在自己的机构中与教师教育工作者合作形成这一观点。他提到的证据几乎全部来自格罗斯曼和她的同事们在核心实践方面的工作，并反映了在核心实践旗帜下开展的大量工作。

一段时间以来，人们一直认为需要对教师教育的形式和过程达成共识（Cochran-Smith，2004，2005；Cochran-Smith，Zeichner，2005；Hiebert，Gallimore，Stigler，2002）。格罗斯曼、哈默尼斯和麦克唐纳（Grossman，Hammerness，McDonald，2009）认为，教师教育需要一种围绕核心实践的共同语言，这将有助于解决一些常见问题，如方法与基础课程或理论与实践课程的分离，这可能会导致课程中的工作与学校实践中的工作脱节。他们还认为，这将满足将实践融入整个教师教育课程的需要，以及将实践重新定位为教师教育课程核心的需要。他们的研究建立在密歇根大学教学研究中心（TeachingWorks）以及密歇根大学核心实践联盟（Core Practice Consortium）、斯坦福大学教育政策与管理研究所（CSET）和华盛顿大学"雄心勃勃的科学教学项目"（Ambitious Science Teaching Project）等框架所提供的关于学科教学知识（Pedagogical Content Knowledge）的研究成果之上。

他们将这项工作的成果描述为高杠杆实践：以研究为基础的有效实践，可以经常和广泛地用于支持新手的理解和进步。他们认为，这一系列工作已发展成为一系列教师教育方法，可用于支持核心实践的发展：通过实践的表征和近似，通过建模和演练等策略来实现（Grossman，2018），并通过对如何采用和使用这些核心实践的一系列研究来支持（Anderson，Herr，2011；Grossman，Kazemi，Kavanagh，Franke，Dutro，2019；Grossman，Pupik Dean，2019；O'Flaherty，Beal，2018；Van Der Schaf，Slof，Boven，De Jong，2019）。

这项工作的目的是值得称赞的，因为它试图直指理论与实践之间分歧的核心，这是对教师教育项目的批判，同时专注于新教师的课堂实践和行为。然而，重要的是要认识到这种方法对优质教师教育经验的贡献和遗漏。它所提倡的教学策略包括实践的表现和近似，鼓励新教师通过模仿和演练等策略进行学习。因此，这必然会侧重关注教师演练、尝试、修正和采用特定的课堂行为。但是，过分强调教师的教学行为，就可能会使教师的教学观狭隘化和技术化，只关注教师在课堂上的教学行为，而忽视了教师与学生之间需要建立的关系和互动。

虽然"核心实践运动"并不打算将此作为教师教育课程的唯一重点，但仅以这种方式开展教师教育有可能代表了对教学构成要素的简单化理解（Jones，Ellis，2019）。举例来说，莱莫夫（Lemov，2010）根据自己的经验和对"有效"教师行为的观察，提出了"教师动作"。新教师经常被要求获得更多实用的教学技巧，而像莱莫夫的《像冠军一样教学》这样专门关注教师行为的书籍也非常受欢迎。然而，这些行为所依据的思维、概念和理念在很大程度上是不可见的，因为它们明确关注的是教学的可见部分，即教师在课堂上的所作所为：技巧、规范和行为。发展一套技巧和规范对任何教师来说都很重要，但如果教师教育课程只关注这些技巧和规范，就会错误地认为教学主要是一套技巧，教师教育应侧重于这些技巧的演练和采用。菲利普等人（Philip 等，2018）对这种方法提出了特别的批判，认为它侧重于规定性的做法，关注的是行为，而不是公正和公平问题。同样，巴尼斯、奎诺尼斯和伯杰（Barnes，Quiñones，Berger，2021）也指出，关于高杠杆实践的有效性，尤其是对学前教育的有效性，显得证据不足。

教师发展应建立在这种"简单"观点的基础上，这种观点被拉巴雷

（Labree，2006）概括为"教学是一项看似简单实则复杂的工作"。大多数成年人都接受过某种形式的正规教育，对教学工作有自己的印象，这些印象和隐喻来自我们作为学生时的"观察学徒"（Lortie，1975）。这些形象通过媒体对教学的描述而得到强化（Henry，2020；Moore，2004），新教师可能会试图复制这些形象。有一种误解认为，教学所需要的只是由一个具有充分（学科）知识的人来发展这些熟悉的行为，而教师教育应该仅仅包括发展这些行为的"技艺"知识。塔图、里奇蒙德和卡特·安德鲁斯（Tatto，Richmond，Carter Andrews，2016）认为，围绕极简主义教师教育的讨论基于这样一种观点，即只要教师在其学科方面做好了准备，学习教学只需要短时间的入门培训。虽然他们认为这与研究证据背道而驰，但他们认为这过分强调了技术实践，而技术实践是简单的，不能很好地培养教师的道德伦理判断能力和创造性地解决问题的能力。过度依赖规定的程序和规则，可能会导致不恰当的行动，或者使教学变得形式化和管理化（Edwards-Groves，Grootenboer，2015）。

这一论点与奥查德和温奇（Orchard，Winch，2015）在其关于教师教育不同方法的哲学论述中所作的区分相一致。奥查德和温奇将教师区分为执行技术人员，"由他人规范性地告诉他们该做什么，而不需要理解为什么要告诉他们这样做"，以及技工或专业人员。

能够运用理论和教育研究成果的教师与手工艺教师一样，都具有自我指导的能力。不过，相比之下，专业教师具有比直觉或常识更可靠的判断基础，可在各种学校和课堂环境中做出正确判断。一个能够做出正确情境判断的教师，不会依赖道听途说或未经反思的偏见。她依据深思熟虑、连贯一致的概念框架，依据持之有效的实证研究知识，依据深思熟虑的道德原则，在课堂教学中做出决策。

（Orchard，Winch，2015，p.14）

要想掌握知识，从而对各种情况作出正确的、合乎道德的判断，就必须开展更广泛的教师教育，而不是仅仅注重实践或行为。当然，这并不是说，关注教师在课堂上的行为和有效教学的能力不应该成为优质教师教育经验的一部分。

第二节　反映"临床实践"的方法

虽然"核心实践运动"中概述的技巧有助于在课堂行为中将理论与实践联系起来，但高质量的教师教育需要更进一步，以培养在情境判断中所需的知识和理解。一种旨在实现这一目标并得到广泛支持的方法是临床实践。在英国教育研究协会（BERA）和英国皇家社会学会（RSA）对"基于研究的临床实践"的初任教师教育的审查中，伯恩和穆顿（Burn 和 Mutton，2013）回顾了教师教育中的临床实践模式，包括"新时代教师"（Teachers for a New Era）项目、墨尔本教学硕士（Melbourne Master of Teaching）、荷兰的"现实或真实"（Realistic or 'realistic' or 'authentic'）教师教育，以及将研究融入其中的芬兰模式。在他们的评估中，他们认识到教师教育必须超越非情境化的基于研究的实践理解或有限的课堂经验，转而采用一种承认复杂性和特定情境性质的方法，并在这些经验丰富的教师和实践社区的支持下，以这些经验为基础。虽然他们承认，这种方法与芬兰等国教育体制的成功之间的直接联系只能是推断，但他们确实认为，所有合格教师都必须具备研究导向，使他们能够继续发展自己的实践，以应对新的挑战。他们能够对更广泛的学术研究结果进行评估，会对他们的实践产生积极影响，而这反过来又可以从学生的经历和成果方面进行分析。在荷兰的教育专家认为，研究表明，课程的特点如任务的紧密整合和精心分级与激发学生积极参与学习的特定教学能力的发展之间存在着积极的关系（Brouwer，Korthagen，2005）。

有趣的是，伯恩和穆顿还概括说，虽然不同背景下的"临床实践"的价值有很好的证据，但其影响是由不同组成部分之间相互作用所决定的。在此，我们再次回看哈默尼斯和克莱特（Hammerness，Klette，2015）以及达林·哈蒙德等人（Darling-Hammond，2000）的研究成果，他们发现高质量的教师教育建立在稳固的伙伴关系之上，这种合作关系不仅致力于为新教师提供独特的专业知识和学习机会，而且能充分密切合作，确保真正的整合，从而带来变革性的教师教育体验。

第三节　价值观的重要性

那么，教师教育工作者如何才能把培养某些高影响力行为的核心实践要素和以研究为基础的要素结合起来，融入一个连贯的项目，并与各方合作伙伴共同形成一个相同的愿景呢？

劳森伯格、亚当斯和肯尼迪（Rauschenberger，Adams，Kennedy，2017）

对评估教师教育质量的方法进行了分析，说明了如何将这些要素结合起来以提供高质量的体验。通过分析美国的"教师教育效果研究"（SETT）项目、澳大利亚的"教师教育数据系统–测量"（TEDS-M）跨国研究以及其他国家的相关研究，他们指出，在确保一致性和对背景的敏感性方面，支撑课程的价值观可以成为重要的驱动力，从而使课程的各个要素以连贯的方式结合在一起。他们的工作表明，不同的方法是可能的，只要它们结合得好，并构成"智能"评估框架的一部分，就能产生高质量的结果（O'Neill，2013）。这与高质量教师教育的首要价值观相一致，以支撑一个连贯的愿景，但并不意味着这些价值观需要预先确定。它们确实需要与所有合作伙伴和利益相关者共享，确实需要渗透到课程设计、课程设置和实施中，但本研究还表明，它们需要对教师教育所处的环境保持敏感，并对该环境作出回应。

因此，本章所论证的是，虽然教师教育课程的要素在大多数情况下都是相同的，但是当我们将质量视为变革性的教育体验时，将这些要素结合在一起的方式以及将这些要素结合在一起的价值观却能使课程的质量产生差异。课程的配置和实施方式反映了教学和教师的价值取向。由于过于热衷问责制或强加的限制而在范围或方法上受到限制的计划不可能实现这一目标。高质量的项目可能包括对核心实践的关注，以及承认经验丰富的教师和研究贡献的伙伴关系概念，但它们也需要考虑个人和环境。培养优质教师没有"灵丹妙药"，这似乎是一个不断调整和完善的过程。虽然研究表明应包括一些要素，但质量最终取决于这些要素的实施。

作为本章的最后一点，我想强调的是，正是教师教育工作者的工作将这些程序要素结合在一起，正如我们将在第五章探讨的那样。他们是践行价值

观、努力使整个项目协调一致并确保学习机会有意义的关键行动者。判断他
们是否成功做到了这一点，要看最终是否取得了利益相关者认为有价值的效
果。因此，下一章将探讨在不同的教师教育实践中，这一评判是如何被确
定的。

第三章

什么决定了优质的教师教育？

How Is
Quality Teacher
Education
Determined?

优质教师教育是一个相对的概念，因为一些隐性的东西，很难界定，更难判断。然而，有许多人试图确定教师教育的质量是什么样子的，并采用不同的方法使课程对如何反映这些质量的定义负责。但是，以这种方式来确定教师教育质量是否有效？从这个意义上说，判断与问责制有关，而教师教育可能是一项极为严格的活动。

对教师教育质量的评价常常被用来进行某种排名：概括出哪些课程或办学机构比其他课程或办学机构"更好"。为此，判断所依据的数据既是质量的衡量标准，也是质量的指标。这两者之间的区别是微妙的。

衡量标准可能是指某一数据，如多少教师从某一课程毕业，或多少教师成功地达到了相关的"教师标准"。但可以衡量的东西并不总是有用的，例如在教师短缺的情况下，有多少师范毕业生在取得资格证书后能够找到工作，并不是一个有用的衡量标准。因为几乎所有希望成为教师的人都能找到有报酬的工作。毕业率或完成课程的人数不是衡量课程质量的标准，而成功完成课程的人数才是。因为毕业率高可能说明课程容易通过，也可能说明毕业标准没有充分的区分能力。

指标通常与绩效指标、特定衡量标准的临界值或基准有关。例如，在英国部分地区，约有92%的师范教育课程受训者成功完成学业，这意味着如果某个课程的分数低于这一比例，那么该课程就可能存在质量问题。92%的基准是一个指标。

无论是衡量标准还是指标，作为质量的标志都不是普遍有用的，因为所衡量的内容不一定与计划的质量有关。衡量标准和指标都需要对如何解释它们做出判断。这种判断需要考虑以下几点。

- 确定的指标具体是什么，数据是指计划中的个人还是计划本身；
- 基于什么目的来确定这个指标。例如，完成率低的课程可能表明评估标准很高，或教学水平差，或入学要求不合适。

换句话说，教师教育课程的措施、指标和质量之间的关系需要被仔细考虑。奥尼尔（O'Neill，2013）区分了一阶任务与二阶问责措施。问责制度可能会混淆二阶数据的代理与一阶活动的质量。如果出现这种情况，奥尼尔认为很可能会产生不正常的结果。例如，一门教师教育课程的招生可能会因为与认可机构颁发的学位数量相关的绩效指标而排除那些可能成为优秀教师但不符合这一标准的人。先修课程的标准本身既不能衡量课程的质量，也不能衡量一个人是否具有成为优秀教师或能够教好书的潜力。

同样，亚当斯和麦克伦南（Adams，McLennan，2021）指出，对职前教师教育质量的判断往往偏重于认识论，即可以展示或看到的知识和技能，而不是本体论，即存在、归属和成为教师。换句话说，对教师教育质量的判断主要集中在可以看到的和可以衡量的方面。用来确定教师教育质量的大多数措施和指标确实是二阶的和认识论的：侧重于什么是可以测量的，什么是可以看到的，但这并不能反映教师教育如何将非专业人员转变为新教师。这才是教师教育质量的真正本质。

这并不是要贬低这些指标可能产生的重大影响。指标已成为影响教师教育实践的强大动力，也是世界各地问责政策的核心，因为它们构成了一种被迈克尔·巴伯（Michael Barber，2007）称为"交付学"的方法：通过收集正确衡量标准的数据，可以区分质量和谁在实施政策优先事项。谁的绩效好，谁的绩效差，都可以通过问责来体现，但只能根据设定的指标来体现。这种方法的弊端已被广泛报道为"意外伤害"，如扩大不平等、各种形式的"游戏系统"或直接作弊、以考试为导向的教学文化以及课程的狭窄化（Gewirtz 等，2019）。

鲍尔及其同事进一步指出，"标准"这一话语本身就存在问题。

具有排列和重组、形成和再形成、定位和识别其领域内任何存在物和任何人的能力，并且具有"沉重且可怕的物质性"……这是一种明确的转变，即不再试图创造一种共同的、普遍的或全面的教育形式，而转向（或回到）一种教育形式，即对学生进行特征化、分类和专业化，使其按照一定的尺度、围绕一定的规范分布在一个无限小的学科体系中，正如福柯（Foucault）所说的那样，这个体系在"法律的底层"运作。

确定特定衡量标准或指标的影响会改变人们的行动和实践。它们还改变了关于质量的论述：将注意力集中在所衡量的内容上，而不是该课程是否真正具有教育性或变革性。通过这些指标来判断质量的问题在于，指标与预期成果之间的内在关系被忽视了。

第一节　质量、措施、标准和问责制

教师教育受到问责制度、指标、衡量标准和质量措施的主导（Bartell 等，

2018；Sloat，Amrein-Beardsley，Holloway，2018；Watson，2018）。科克伦·史密斯（Cochran-Smith，2018）及其同事强调，此类衡量标准的兴起是"问责时代"的一部分，他们将其归因于五大发展。

（1）与新自由主义经济学相联系，全球对教师质量的关注空前高涨；

（2）不断公开宣称"传统的"大学主办的师范教育未能培养出能够应对当代课堂需求的有胜任力的教师；

（3）将教师教育概念化为一个公共政策问题，认为制定正确的政策将提高教师质量和国民经济；

（4）教师教育机构转向问责制，这与教师质量的概念相一致，教师质量被定义为效力，并与人力资本范式相联系；

（5）认为公共教育改革，而非其他社会政策，是美国纠正不平等和消除贫困的主要工具（Smith，2018，p. 17）

梅耶指出，在国际上，通过政策发展引入的问责措施范围相当狭窄，苏珊娜·威尔逊（Suzanne Wilson）在2018年美国教育研究协会（American Educational Research Association，AERA）的演讲中列出了她在教师教育中遇到的所有质量衡量标准，显示出指标范围狭窄，且每个指标都有类似的特点。布鲁克斯（Brooks，2021）将这些质量指标分为四类：关注过程、投入、产出和视角的措施。我将逐一回顾这些指标对优质师范教育的启示。

第二节　过程指标和措施

在衡量标准或指标方面，教师教育过程是最难界定的。与教师教育实践的其他方面不同，过程本身既不能很好地成为可衡量的项目，也不能成为基准指标。在审查确定了有效干预的措施，例如上一章概述的哈默尼斯和克莱特的研究，它们提供了学习的机会，而不是高质量的过程本身。

然而，试图控制或决定教师教育课程的政策干预却呈现日益增长的趋势。这方面的一个例子是英格兰推出的一系列新措施，这些措施受到了广泛的政治关注，并在澳大利亚的《下一步报告》（Paul 等，2021）中被引用为良好实践，尽管此报告错误地将其归功于整个英国而非仅在英格兰引入。英格兰的初任教师培训核心内容框架应被视为一系列旨在控制教师教育实践的更广泛举措的一部分，这些举措与鼓励教师教育质量的提高相去甚远。

第三节　英国初任教师培训市场审查和核心内容框架

初任教师培训市场审查由英国政府教育部（the Department of Education，DfE）在 2020~2021 年召集的专家组进行。初任教师培训市场审查仅适用于英格兰的教师教育，因为这一职责已下放给苏格兰、威尔士和北爱尔兰的相关政府。该审查是对以往政策倡议中出现的高度差异化的教师教育（指通过大学主导和以学校为基础的途径相结合的方式进行教学）格局的回应，导致教师教育"市场"被描述为既多样化又复杂（Whiting 等，2018）。

市场审查应被视为教师教育一系列变革的一部分。英国政府的教育监督机构（Office for Standardsin Education，Children's Services and Skills，Ofsted）发布了新的初任教师培训检查框架，其重点是评估课程的质量，即意图、实施和影响，而不是结果数据，以及一份关于教师培训提供者如何应对疫情的有争议且批评性的报告。此外，还宣布了教师培训基础设施中的一项重大举措——教学学校枢纽（Teaching School Hubs），以及在全国范围内推出一套由政府所有的专业发展计划，即早期职业框架（The Early Career Framework，ECF）和国家专业资格证书（NPQ）。与此同时，宣布与"全为教学"运动（Teach for All Movement）相关的第三部门组织 Teach First 与教育部续签了全国教师培训合同，已经在十九年里培训了近 2000 名教师。由政府发起的新的旗舰教师培训机构——教学研究所的招标程序也已开始。换句话说，教师教育的格局正在迅速发生变化，内容和实施领域越来越集中到由英国教育部直接控制的组织中。"市场"的稳定性受到了威胁。

初任教师培训市场审查小组于 2021 年 6 月公布了他们的报告，其中包括十四项建议和一份质量要求清单，这些要求将构成对所有新的和现有供应商进行认证的标准：

审查的核心目标和我们的提议是在一个更有效率、更有成效的市场中的，按照"国家合作框架（Core Content Framework，CCF）"的要求，提供始终如一的高质量培训。

上文提到的 CCF 是政府的初任教师培训核心内容框架（DfE，2019），该框架"详细规定"了初任教师培训课程的内容，将其作为"最低权利"，英国教育部称其借鉴了"现有最佳证据"，但这一说法存在争议。市场审查非常注重"证据"（文件中 88 次提到证据，40 次提到研究），这些证据来自一系列与教师教育相关的政府文件：初任教师培训核心内容框架、早期职业生涯框架和国家专业资格证书，这些文件均经过了首席执行官是撰写 ECF 和 CCF 的专家小组成员的教育慈善基金会的验证。

市场审查文件中引用的证据本身就表明，人们更倾向于在大学之外开展研究。市场审查文件引用了以下证据。

- 四篇来自同行评审期刊的文章；

- 四份来自非大学组织的报告；

- 十八种政府出版物。

来自非大学的、由政府资助的出版物的研究成果占主导地位，这表明"证据"的类型被认为是教师教育课程的首选内容。

重实证轻研究的做法使特定类型的数据收集和"什么有效"的调查享有特权，而这种调查因缺乏背景细节、伦理反思和可转移性（Biesta，2007）以及方法的稳健性而受到广泛批评。

尽管初任教师培训市场审查建议将核心内容框架作为教师教育课程的必修内容放在首位，但英国教育部 2022 年发布的文件《提供世界一流的教师发展》（*Delivering World Class Teacher Development*）以图表的形式展示了英国教育部、教育机构和其他组织在新一轮政策中的关系（图 3.1）。将英国教育部置于图首，该图注释如下：

英国教育部制定了有据可依的框架，并得到了教育基金会的认可。

换句话说，这一基础架构将教育部视为教师教育课程内容的适当研究或证据的策划者，这比以前的报告更进了一步。以前的报告将教师定位为研究的消费者（Carter，2015），而教师教育工作者则是研究的策展人，就像现在将教育部及其附属机构视为选择适合新教师学习证据的权威机构一样。

图 3.1 内容描述如下。

● DfE 创建了由教育捐赠基金会（EEF）验证的基于证据的框架。

● ECF 和 NPQ 的第一提供者依据这些框架创造基于证据的课程，并建立国家联盟的交付伙伴。

● 从 2022 年 9 月起，DfE 将建立教学研究院，作为英格兰的旗舰教师培训和发展提供者。

● 交付伙伴将与第一提供者合作，在一个区域内提供项目。教学学校中心将是这些支柱。

● 学校选择他们的交付伙伴并与他们合作。

● 英国政府的教育监察机构 Ofsted 检查第一提供者及其交付伙伴以提升质量。

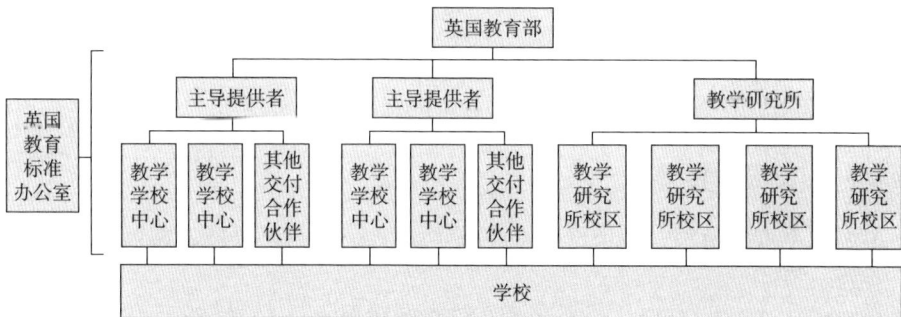

图 3.1 ECF 和 NPQ 交付基础设施（摘自《提供世界一流的教师发展》, DfE, 2022 年）

对新教师而言，将研究成果作为内容加以整理和介绍的好处是有限的，因为这样做会使他们无法考虑实施研究成果的实际影响，也无法根据研究方法的严谨性、背景、情况的适宜性来判断研究的优劣。此外，信息与传播技术培训市场审查的建议还概述了向新教师介绍这些内容的方式，这些建议规定了课程组织评估制度、实践学习经历以及与学校合作伙伴和导师的关系。这些建议概述了作为重新认证的先决条件的具体、预定和预设的"序列化课程"的必要性。核心内容框架确定了教师教育课程的必要内容。初任教师培训市场审查建议中列出的质量要求规定了这些课程所需的程序。要求所有教师教育课程都必须经过认证程序，以确保所有课程都符合上述两项要求。组织教师教育课程的质量的决定因素实际上已完全"外包"给了英国政府教育部门。

其中一位专家组成员兼国家合作框架专家顾问组主席在 2019 年大学教师教育理事会会议上的发言指出，国家合作框架的内容差距很大。人们普遍关注的是，内容的有限性和这些建议的规范性旨在实现课程内容的一致性，由于建议的规范性，可能会减少与合作伙伴合作并认识到当地需求的课程开发机会。尽管这些建议的目的是提高教师教育质量的一致性，但它们显示了集中控制、规定内容和限制师范教育课程创新机会的举动。这些举动与制定基准的过程是一致的，可能会损害变革性实践。

寻求界定或规定教师教育内容的政策趋势在其他地方可以以多种形式看到。新西兰的教师教育认证程序要求纳入关键任务，这些关键任务需要由评估小组进行审查。虽然这些方法的长期影响还有待观察，但规定教师教育课程的内容，并将教师教育的专业知识外包给政府教育部门，可能会造成一定的限制。此外，很难想象这实际上是对优质教师教育的一种表述。充其量，其对内容的规定成为最低的基准标准，是一个低标准，而不是一个高标准。

第四节 输入指标

衡量教师教育质量的一组更受欢迎的指标可归类为投入指标。这些指标或者是考察希望成为教师的人及其特点的（如此人以前的学术成就或毕业的院校），或者是考察教师教育工作者的资格和职业发展轨迹。这套指标有三个值得注意的方面。

第一个方面是这种逻辑假定教师教育本身对从教师教育中毕业的教师的质量影响甚微，但教师教育课程的结果，至少在一定程度上，是由报名参加该课程的人所决定的。实际上，"进"的质量等于"出"的质量。这就引出了一个问题，即课程本身有什么不同。

第二个方面是一种假设，即"高质量"的申请者将造就高质量的教师。一些证据显示，被国际评估比较测试如国际学生评估项目（Programme for International Student Assessment，PISA）和国际教育成就评价协会（Trends in International Mathematics and Science Study，TIMSS）识别为高绩效系统的地区，对新教师的入职要求具有竞争力，这使一些人认为优秀毕业生会成为"好"教师。然而，先前研究表明成绩与教学质量之间并无直接关联（Day，2019；McNamara，Murray，Phillips，2017；Vagi，Pivovarova，Barnard，2019；Zhao，2018；Zumwalt，Craig，2005）。也有可能是高绩效系统的教师享有更高的地位，或者有其他社会或经济因素鼓励一些毕业生考虑从事教育工作。

第三个方面是界定教师教育的高潜质或高素质申请者应具备什么样的素质。常用的、现成的数据衡量标准包括学位分类或本科院校。换句话说，它们往往指的是候选人先前的学习经历和先前的教育成就。这些特征与教学质量或教学标准的类别并不直接相关，尤其是这两个特点都与职前准备之前的学业成绩有关。斯托巴特（Stobart，2008）认为，评估是一种筛选的形式，可以筛选出那些能够获得越来越少的机会的人，如进入精英院校，或在更高的等级上取得成就。在这种情况下，社会阶层和文化资本等其他因素更有可能成为进入入学要求较高的课程的影响因素，而不是成为一名优秀教师的潜力。这就表明，把重点放在以前学业成绩优异的申请者身上，可能会被视为一种限制某些潜在申请者群体进入教师队伍的方式，这些群体可能具有很高的潜力，而且可能更能代表他们将要任教的社区。

认为个人的这些特征是教师或教学质量的标志，这种观点有所欠缺，却很流行。试图用一种简洁的方式来定义教师素质的研究往往将其作为一种衡量标准，如弗朗西斯等人（2019）将其作为教师资格的衡量标准，尽管承认其作为教师素质指标存在欠缺。作为一个基准，对先前教育程度的鉴定只是先前教育程度的一个指标，而不是教师质量的预测指标。如果将其作为评判教师教育课程质量的标尺，那么它就可能成为一种特殊性或排他性的指标，那些声望较高但内容较少的课程，往往更难获得准入资格。这不是课程质量的指标，但可能与院校的声誉有关。

作为质量指标的入学特征对教师供需问题也只字未提。拉巴雷（Labaree，2006）指出，美国的大学一直在努力通过提高入学要求来提高教师教育的地位，但却发现地方主管部门如学区，会对资质较差的教师实行紧急认证，以应对教师供应的下降。对此，他解释道：

由于需要快速培养大量教师，师范学校无法实施广泛而严格的专业教育。这些学校一直面临着被淘汰的威胁。如果他们让学生很难获得或完成教师教育，毕业生的数量就会下降，学区就会被迫寻找其他的教师来源。无论如何，教室都会被填满，而师范学校的领导们则会不惜一切代价填满教室。

（第 24 页）

拉巴雷还指出了一个社会流动性问题：教师教育被视为地位最低的学术领域，研究质量差，学生地位低，并且通常是女性和弱势群体的学生。的确，对于学生来说，教育往往被看作是社会流动的入场券，是那些从阶级底层迈向中产阶级的人以及家中第一个接受高等教育的人的过渡阶段，这一观点得到了赛和戈拉德 2019 年的研究支持。通过将学历作为质量指标来阻止这种性质的申请者进入教师教育，表明课程可能会拒绝教师教育可能成为社会流动性途径的人，而这些人可能是边缘化社区的重要代表。

在我于 2019 年（Brooks，2021）进行实地考察期间，新西兰和澳大利亚的应届毕业生就业市场都很活跃。之前成绩优秀的学生，无论是预科生还是研究生，都有一系列的职业选择。同样，大学办学规模的扩大意味着学生可以在以前可能无法进入的高声望领域内接受高等教育，如法律或医学。因此，申请教师教育课程的人数减少了。大学对此的对策是降低入学要求。在昆士兰和奥克兰，教师教育的入学要求显著低于普通大学入学基准。在我收集数据的时候，这两个地方都还没有一个包括对毕业生特点的输入指标在内的问责制度。然而，关于毕业生质量的讨论却反映在整个合作关系关于学生"素质"、标准下滑和职前教师课堂能力的讨论中。换句话说，这种讨论本身虽然在各自的指标中并不明显，但却对人们如何比较看待教师教育课程产生了影响。

第五节　输入指标与多样性

将毕业生的多样性作为一种输入指标，确实指向了一种不同的教师质量概念：这种概念表明，多元化社区的代表性是教师候选人被视为质量的一个重要特征。越来越多的证据表明，教师的多样性会对学生的成绩产生积极影响（Kumashiro，Neal，Sleeter，2015）。这种积极影响可以体现在所有学生身上，而不仅仅是在那些与教师有着相同文化传统的学生身上。然而，尽管促进教师申请者的多样性是一个重要目标，但将教师多样性作为教师教育课程的质量指标，确实表明教师教育的质量是由教师候选人或申请者的特征所决定的，而不是由在接受教师教育的过程中发生的事情本身决定的。换句话说，这是把个人的特点作为教师质量的决定因素，而不是把他们所经历的教师教育过程作为决定因素。

这并不是说，教师多样性指标不可取，或者说，高质量的课程不会设法使其招生多样化。关注多样性虽然不是质量的首要因素，但可以鼓励办学机构采取积极措施，确保教师队伍更加多元化，从而对学生和学校产生积极影响。不过，这本身并不能作为衡量教师教育课程本身学习质量的指标。

第六节　产出衡量标准和视角

用来衡量教师教育质量的最常用指标是产出指标，它可以涵盖一系列结果数据，如毕业率、考试分数、认证率和就业率，以及来自毕业生和新教师、其聘用学校，甚至学生和家长的一系列视角数据，且使用学生成绩数据的指标也越来越多。把产出作为衡量质量的标准，是假定情况下所使用的标准。如某一《教师标准》，是对教师或教学质量的充分和准确的描述；或者是假定对基于课程内容的知识的测量，往往与高质量的教学相关联；或者是假定只有最优秀的教师才能被聘用等。他们还假设这些因素可归因于课程本身（排除其他因素）。然而，这些基本假设作为高质量教师教育的标志是有很大缺陷的。

在大多数情况下，达到某一《教师标准》是获得教师资格的先决条件，这些标准是对教学的基本描述，未达到这些标准的情况相当少。2019 年，英国教育标准局的评估框架从关注产出指标转向了课程质量评估。在以前的检查制度下，教育机构必须根据一套国家基准对其产出数据进行自我评估分析。这些基准包括就业率、毕业率和教师候选人准确"分级"的细目。英国政府的教育监察机构 Ofsted 的检查框架明确指出，除非教育机构的数据超过了国家基准，否则其不能被评为"良好"或"优秀"。因此，任何教育机构报告的结果低于这些基准都是极不正常的。在此基础上，约 98% 的教育机构被英国政府的教育监督机构评为"良好"或"优秀"。尽管如此，如果几乎所有的办学机构都取得了类似的成果，那么其所使用的指标就不再是质量指标，而是基线评估或最低期望值评估。这究竟是说明教师教育机构的质量很高，还是说明教师教育机构把重点放在了完成学业率的基准目标上？

其他指标，如教师教育课程无法控制的指标，也有自己的问题。在教师短缺、供不应求的情况下，将就业率作为质量指标的做法会使教学质量大打折扣。即使在就业市场选择性较强的时期，如果认为教师的就业是基于对其教学质量的严格分析，或基于他们的教学准备有多充分的分析，那也是不准确的。此外，这些衡量标准都是短期的：聘用或根据一套标准进行的评估与某一特定时间点有关。它们没有记录对教师的长期影响，也没有记录教师教育课程是否使他们为课堂或职业做好了准备。

换句话说，这种结果数据也是二阶的，反映的是就业市场等其他现象，而不是课程本身的质量。因此，毫不奇怪的是，还有一系列指标是依靠评价新教师的课程经验或他们自己的教学效果和能力的观点，或者是来自雇主、合作伙伴及学生的观点来制定的。这些指标将利益相关者对质量的看法作为特权，虽然是由教师教育的市场导向驱动的，但在逻辑上有两个主要缺陷。

第一，客户称为实习教师可借鉴的教师教育经验范围有限。这种基于视角的信息存在可靠性问题，因为其准确性和一致性存疑（Van Der Lans，2018）。人们更倾向于选择熟悉的事物，而不是创新或不寻常的事物。受访者还受到自身利益的驱动，如一门高质量的课程能很好地反映从该课程毕业的学生的情况。此外，盖特纳和布伦纳（Gaertner，Brunner，2018）的研究表明，学生对教学质量的看法受到情境和时间等情景因素的影响。

第二，有些学校系统推崇一致的特性，其特点是对质量进行强有力的叙述，如英国的多学院信托基金或美国的特许学校链。因此，对质量的评判可能更多地受对一套规定价值观一致性和连贯性的驱动，而不是对优质教师或优质教学的更全面、整体，甚至是批判性的驱动。

视角数据揭示了受访者认为什么是重要的，虽然这可能有助于确定教师教育课程之间的差异，但它们本身并不是质量或标准的可靠指标。然而，这类指标确实有可能改变办学者与利益相关者之间的关系。办学者可能会为了得到积极的反馈而对要求作出回应，而不是坚持课程中具有挑战性或令人不舒服的方面，而这些方面可能对课程的质量至关重要。

最后，更令人担忧的是，近期出现了越来越多针对新任教师对学生学习进度与学业成就影响的评估。这些指标被称为增值指标。尽管这一想法在政治上很有吸引力，但因其缺乏对影响学生成绩的其他因素的认识，以及简单的线性逻辑和有效性而受到广泛的批评（Noell，Burns，Gansle，2018；Sloat 等）。然而，产出指标比输入指标更有说服力，因为它们确实有因果逻辑，尽管它们主要侧重于标准而非质量。基于产出指标的判断需要明确指标所指的内容。

第七节 教师的标准是什么？

当人们同意将基准绩效作为成功的指标时，措施就变成了指标。哈维（Harvey，2007）在讨论高等教育质量时，对质量指标和标准指标进行了区分。他认为，质量可以从以下几个方面来定义：某事物出类拔萃、被认为完美无缺、始终如一、没有瑕疵、被认为符合目的、物有所值或能够促成变革。他将这些质量定义与四种类型的标准进行了对比，提出在大多数高等教育问责制度中，重点是标准而不是质量的观点。他提出的四种标准是学术标准、能力标准、服务标准和组织标准。

教师教育可能必须遵守上述所有标准：通常必须根据与相关学术奖项级别有关的一套学术标准进行验证。服务和组织标准通常与学生满意度调查和入学前向学生传达的服务要求有关。然而，能力标准指的是毕业生可能期望的技能或行为，如教师标准，这类标准通常由高等教育系统以外的团体，即政府部门或专业机构来决定。作为教师职业的"守门人"，教师标准可以影响教师教育课程的进程和预期结果。

当权威机构发布一套教师标准，并根据这套标准对新教师进行评估和评判时，它们实际上是在表明社会对教师的基本期望。因此，如何定义教师标准以及由谁来定义教师标准，对于形成有关教师教育的讨论，以及分析教师教育的质量应该是什么样的都是非常重要的。因此，对教师标准的分析可以很好地揭示实践的特定背景以及形成实践的价值观和目的。

教师标准在世界范围内也变得无处不在，并经常被视为影响教学质量的一项重要政策举措。萨克斯（Sachs，2003）认为，教师标准具有巨大的潜力，可以激发教师以不同的、富有创造性的方式思考自己的工作、课堂活动和专业身份。当教师职业"拥有"这些标准时，它们还能为教师的专业自主性和进一步的专业学习提供广阔的空间。但是，教师标准也会缩小教学实践的范围，降低教师的自主性，使教师变得非专业化（Bourke，Ryan，Lidstone，2012；Connell，2009）。因此，谁拥有和谁定义教师标准的问题，是理解、支撑对教师标准质量的论述和社会对教师期望的关键。

当我研究了在新西兰和昆士兰应用的两套教师标准，并将它们与我在英国习惯使用的教师标准进行比较时，这一点尤其令我印象深刻。新西兰是一个双文化国家，这一点在其教师标准中得到了体现，其中包含了毛利语言、文化和知识，并考虑了此标准对教育实践的影响。当地修订教师标准的政策文件还提到，新西兰希望在国际比较中取得进步，注重成绩、成就和进步，当然许多国家都是这样做的，但这样做的方式反映了一套不同的价值观。

新西兰执行的《新西兰教师守则和标准》（*the New Zealand Code and Standards for Teachers*，2017）的语言和基调与我所研究的其他国家的政策文件截然不同，既体现在对教师职业和协商过程的尊重上，也体现在对毛利语言和文化的特别认可上。这一点尤其体现在对教师标准所依据的价值观的表述上，这些价值观不仅使用毛利语言阐述，而且强调毛利文化的视角和优先事项。

支持（毛利语为 whakamana）：通过提供高质量的教学和领导力，让所有学习者发挥他们的最大潜能。

热情（毛利语为 manaakitanga）：创造一个热情、充满关爱和富有创造力的学习环境，尊重每一个人，维护每一个人的尊严。

公正（毛利语为 pono）：指通过公平、诚实、合乎道德和公正的方式行事。

紧密联系（毛利语为 whanaungatanga）：指与学生、他们的家庭和家族、我们的同事以及更广泛的社区建立积极的合作关系。

新西兰的《职业责任守则》体现了其对社会、教师职业、家庭、社区以及学习者的承诺，并将其细分为一系列行为，以履行该守则。其教师标准也反映了这些观点，强调《怀唐伊条约》（*Te Tiriti o Waitangi*）中的伙伴关系、专业学习和专业关系。其对公平和毛利文化的承诺不仅体现在教师标准的表述中，也体现在为支持不同层次的教师使用这些标准而提供的资源上。

澳大利亚教师标准的不同之处并不在于其内容和范围，而在于澳大利亚教师职业协会是如何编制和"拥有"这些标准的。在澳大利亚的体系中，昆士兰教师学院负责监督和认证本州的教师教育。标准和认证原则都受到国家标准［澳大利亚教师专业标准（Australian Professional Standards for Teachers，APSTs）］和澳大利亚教学与校务指导协会（Australian Institute for Teaching and

School Leadership，AITSL）对澳大利亚初任教师教育课程认证标准与程序的影响。显然，将地方实施教师标准和认证形式与地方和国家专业机构明确地结合起来，对如何评估和评判教师教育课程产生了影响。在我对昆士兰进行研究访问期间，根据澳大利亚教师专业标准对师范生进行评估的工作完全由学校督导教师自己负责。之所以能做到这一点，是因为澳大利亚教师专业标准被视为由教师职业本身所"拥有"，因此，教师职业被信任正是因其能够明智地应用这些标准并进行评估。但这并不是说澳大利亚教师专业标准受到欢迎。与我交谈过的许多教师教育工作者都同意莫克勒（2013）的观点，认为其范围狭窄，只是为了使教师的工作标准化；他们还同意萨克斯（Sachs，2015）的观点，认为其限制了教师的专业自主权。然而，值得注意的是，这项研究是在昆士兰教师认证计划（Queensland Teacher Accredition Program，QTAP）评估项目启动之初进行的，而该项目自启动以来已证明极大地改变了该地区新教师评估的格局，以及大学教师教育工作者参与影响此类评估的方式。

因此，"教师标准"是一种有趣的工具，它传递着重要的信息，即教师和教学的价值所在，谁在专业领域内可以决定谁应该成为教师，以及他们需要具备的最低标准的技能和行为。正如埃文斯（Evans，2008）所指出的，教师标准是一种绩效管理工具，通过对教师实践的描述和划分来控制和影响教师的实践。埃文斯将其称为推导的或假定的专业精神，它超越了规定的范围，因为它阐明了从业人员是如何实施专业精神的，并通过这样做使这一定义固化下来。

教师教育也是更广泛的问责实践的一部分，包括与大学和学校有关的问责实践。这就构成了一个非常复杂的局面（Ling，2017），即教师教育有多个利益相关者，受制于不同的问责制度。问责制在确定教师教育质量方面的作用是至关重要的：问责制拥有认证和验证的权力，在检查方面，还可以在该领域树立威信。

问责制还可以通过主导所使用的专业语言，限制那些掌握和保留权力的人如何影响这些政策文件的撰写，以及省略哪些内容，从而影响我们对教师教育的思考。教师标准通过两种方式实现了这一点：一是影响教师教育的语言：如何表述进步、成就和成绩；二是为评判教学能力设定最低标准。在一些注重产出的问责制度中，完成率和达标率被用作衡量课程质量的基准。这样做的前提和假定情况是，教师标准足以区分教得好的人和教得不好的人。然而，一旦制定了教师标准，它们就成了最小公分母，所有课程都会为最大完成率而调整。一旦引入问责制度，它们就会成为基准，成为教师教育所要实现的目标和焦点，从而制约了讨论、创新、辩论和其他观点的空间。正如斯里特（Sleeter，2019）所言，这样的质量定义维持了谁掌握权力谁就能够定义质量的现状。

像教师标准这样的问责制度可能会产生将实践工具化的效果：将实践分解，以便在新手中逐步重建，并在实现后勾选完成。这不是变革的语言或实践，但这却是当今许多国家教师教育的现实。问责制并不必然剥夺批判性或变革，但它会减少富有成效地进行批判性或变革的机会，因此可能会导致教师教育沦为复制，而不是变革。

第四章

另辟蹊径能否提高
教师教育的质量？

Can
Alternative
Approaches
Improve the
Quality of
Teacher
Education?

迄今为止，关于质量的不同观点都得到了批判性地对待，认为若将教师教育质量理解为变革，则教师教育与质量的关系是相当有限的。本章重点讨论为提高教师教育质量而采取的措施。各种期刊上充斥着对旨在改善教师学习体验的举措的评价性描述，这些举措通常侧重于改善指导、伙伴关系或在理论与实践之间建立更紧密的联系。其中许多描述都是基于小规模和高度特定背景下的干预措施（Menter，2017），因此可能无法更广泛地适用于更大规模的优质干预措施。本章将重点讨论两种系统范围内的方法，其目的是提高教师教育质量：通过使教师教育提供者的范围多样化，或通过强调研究作为改善教学和使教学专业化的主要方法。

第一节　替代性规定

第一章概述了大学由于过于抽象和远离课堂，往往被视为教师教育质量"问题"的根源。因此，一些政策、倡议要求教师教育提供者多样化，要求学校更多地参与教师教育课程的设计，也就不足为奇了。一个极端的例子是，英国通过引入被称为"学校直通车"的学校主导路径，建立了高度多样化的学校主导教师教育体系（Brown，2017；Tatto，Burn，Menter，Mutton，Thompson，2017）。虽然有些人将其归因于政策原因，而非对教师教育质量的真正关注（Ellis，2019；Ellis，Spendlove，2020），但由此产生的教师教育格局是高度多样化和复杂化的（Whiting 等，2018），并且由于第三章概述的政策调整和市场审查，这一现状即将发生改变。

美国经历了另一种类型的转变，这得益于新型教师教育机构（New Graduate School of Education，nGSEs）等替代性教育方案的兴起。科克伦·史密斯及其同事（2020）将此新型教师教育机构定义为"不以大学为基础，但经州政府授权和批准的高等教育机构。可培养教师，认可他们获得初级教师资格认证，并授予其硕士学位"。他们认为，这些教师教育机构是一个独特的群体，因为它们不属于大学的传统和文化范畴，但仍然依赖于其专业合法性和准入的象征性指标。美国将教师教育视为一个政策问题，将非教师教育机构的发展归因于此，认为非教师教育机构是提供教师教育的一种替代方式，可以摆脱大学办学的一些限制。

近二十年来成立的新型教师教育机构要么是独立的个体，要么是更大的非大学实体的一部分，它们被授权授予硕士学位，并在机构和项目上被认可提供初级水平的教师培训。新型教师教育机构通常使用大学的学术术语，如教育研究生院、研究生院、师范学院、院长、学院。科克伦·史密斯等人（2020）认为，非正规高等教育机构师资培养的一个重要特点是其运作假设，即教学是一种学习活动，它建立在个人的学科知识、动机和能力之上，但又超出了个人的学科知识、动机和能力范围。非正规高等教育机构很可能使用实习、学徒等术语来描述其课程，尽管这些术语并不局限于非正规高等教育机构。

作为斯宾塞基金会资助的新型教师教育机构审查项目的一部分，科克伦·史密斯及其同事强调，它们之间存在着相当大的差异。但它们确实提供了一个以不同方式思考教师教育的绝佳机会，并提供了创新培养教师的方法，如通过基于就业或在线数字的形式。这并不是说大学办学机构没有创新（例如，参见第五章中提到的玛丽 – 路 – 富尔顿师范学院的"下一代教育劳动力"计划），但它们往往受到结构、大学规章制度和其他要求的限制，无法全面地重新思考如何组织实施教师教育。

教师教育工作者对替代性教学的怀疑和批评也许并不奇怪。然而，我们不应该把新型教师教育机构视为一个同质群体。正如科克伦·史密斯所言，"实证研究和政策报告都反复证明，'新'方法内部的差异往往与'新'方法和'传统'方法之间的差异一样大，而且术语不一致，几乎不可能进行有效的比较"。但是，他们在专业学习的方法、教学的概念和整体质量方面受到了广泛的批评（Philip 等，2018；Schorr，2013；B. A. Smith，2015；Stitzlein，West，2014；Zeichner，2016）。然而，探索这些替代性教育机构创新实践的机会可能会受到阻碍，因为这些机构是作为更传统的教师教育课程的竞争者而设立的，并得到额外资助模式的支持，如来自风险慈善家的资助，而这些模式是传统的大学教育所不具备的。

可以认为，新型教师教育机构的一个重要机遇，特别是当它们摆脱了大学录取程序的束缚时，就能为代表性不足的群体提供教师教育的可能性。这种愿望是为了扩大希望成为教师的群体，特别是为了使最初可能没有把教师作为职业选择的人进入该群体。这可能是由于人们认为教师是一个仅属于某一阶级的职业，这反映在进入教师行业的一些障碍上，其中可能包括传统教师教育课程的入学要求，即必须有某一象征着成功的传统或"标准"学术史，以及培训课程的安排，即要求候选人进行一年的无薪学习或昂贵的学习，从而导致债务和收入损失。

吸引更多的人从事教学工作，特别是来自代表性不足的群体，是非常必要的。然而，如果对教师教育经验的质量存有疑虑，那么以不同群体为重点的课程可能会弊大于利，特别是如果这些课程被认为质量不高、教学方法有限、涵盖的核心教学实践范围有限，并剥夺了新教师获得潜在变革性理论知识的机会（Philip 等，2018）。事实上，也有人认为，这些课程是基于限制学生可能性的"赤字模式"（B. A. Smith，2015）。换句话说，如果专门针对低收入学校和边缘化社区的课程没有提供高质量的教师教育，那么它们可能会再现这些不平等，并阻止相关人员对造成这些不平等的权力动态进行批判。

尽管新型教师教育机构确实提供了一个以不同方式看待教师教育的机会，但其影响和质量仍不明确。同样重要的是，不能把它们视为教师教育中唯一的创新课程。该领域其他潜在的颠覆者包括纽约大学斯坦哈特分校的在线课程、奥克兰的"公平教学"和墨尔本的"临床实践"模式，以及爱丁堡的"变革性学习与教学"硕士课程。这些课程还试图考虑以其他方式提供高质量的课程，通常反映了个性化或小组探究，个人反思和研究，以及情景式个人指导和辅导。这些方法以受训教师个人为重点，有时也称为"驻校"，通过他们所描述的高质量、高参与度的合作关系，由学校导师与新教师一起工作，支持他们的个人发展，从而提供高度个性化的能力途径。这些方法虽然成本高，但并不局限于教师教育机构的性质。

最后，英格和洛布（Ing，Loeb，2008）将美国教师志愿服务计划作为替代性教学的一个例子进行研究，他们的研究表明，与其他办学机构相比，教师教育课程的基本特征并无太大差异。事实上，教师教育的基本特征似乎既适用于传统课程，也适用于其他课程。这表明了教师教育教学法的主导地位。他们认为，一个课程能适应教师的个人需求和学校的特殊环境，才是一个课程能被认为是高质量课程的标志。

第二节　研究政策导向

在第二章中，我概述了临床实践作为教师教育有效方法的评论。临床实践的要素之一是它接近研究或探究，是教师培养的一种形式，实际上也是教师专业化的一个理想特征。然而，尽管学术界已达成共识，认为研究应是教师教育的一个理想特征，但在教师教育中强调研究的教育政策却鲜有实例。下面讨论的两种分别来自威尔士和挪威的政策导向表明，教育改革需要了解教师教育在更广泛的教育基础设施中的地位，以及可以从经验丰富的以研究为导向的计划中吸取哪些经验教训。

一、威尔士国家教育研究与探索战略

针对威尔士令人失望的教育表现，威尔士政府宣布了教师专业化的新愿景，并在 2021 年 6 月发布的国家战略文件中进行了阐述。该战略的宗旨是在教育政策和实践的各个方面重视研究。

国家科教研究交流中心（National Science Education Research Exchange，NSERE）的目标是，威尔士的教育政策和实践应当以现有的最佳研究证据和教育专业人员开展的严谨调查为依据。

具体的战略目标认为，这需要通过教育系统各个方面的研究导向来实现。从政策制定、研究能力和数量的发展，到教育工作者如何与研究证据互动，以及维持研究所需的基础设施。正如弗隆（Furlong，2019）所概述的，威尔士国家战略必须被视为威尔士综合教育战略的一部分，旨在提高教育质量和教师专业水平，以及促进教师主导的学校和课程改革。

威尔士的国家战略文件对初级教师教育中研究的不同作用和功能作了重要区分，强调了研究与探究之间的区别，但对两者都作出了承诺：

我们认识到，"研究"可以包括一系列利用研究方法的活动。我们并不赞同只有专业教育研究人员才能进行研究，而教育专业人员不能进行研究的观点。我们对"连续"发展的概念感兴趣，在这一概念中，教育专业人员从专业探究者转变为教师研究者。

其国家战略文件还支持教师既是研究的消费者又是研究的生产者这一理念。

我们建议开展的发展工作将侧重于使从业人员既能成为高质量研究的消费者，又能在严格的研究方法指导下开展专业调查。这就是我们选择在战略中同时包含"研究"和"调查"的原因，以便我们在威尔士采取的方法具有包容性并"贴近实践"。

该战略承认研究与调查之间的区别，并强调它们"具有同等价值且相互依存"。

●"学术研究"是一个产生新知识的调查过程。发表研究成果的目的是让他人从中学习并对其进行评论。高质量的学术研究应该是重要的、原创的和严谨的。为此，在发表前应经过同行评审。这类研究通常由学者、攻读高等学位者以及在政府和独立部门工作的专业研究人员进行。

● 专业探究通常由从业人员在其工作场所进行，是发现问题、确定原因、寻找解决办法、评估实践和实现改进的一种方式。如果要使其具有价值，就应采用系统的、循环的和强调收集证据的行动研究方法。

这种细致入微的理解还体现在对提高大学研究能力的认识和承诺上，既要以现有的研究结构为基础，又要提高对教师教育工作者及其积极参与研究的期望。我们注意到目前在提供和能力方面存在的差距，并承诺提供所需的支持，以缩小教师教育人员研究能力的愿景与现实之间的差距。

威尔士的国家战略文件以新的认证标准（2017）为基础，概述了一种教师教育方法，弗隆（Furlong，2019）将其描述为"以研究为依据的临床实践"（Burn，Mutton，2013）。

这不同于"以研究为基础"的实践、基于试验和错误的专业学习或基于经验的反思。它要求学校和大学为基于研究的专业学习提供机会。对这一战略进展情况的审查表明，它仍处于早期阶段，但有可能带来变革（Brooks，2022）。

二、挪威的转型变革

2013 年，卡伦·哈默内斯（Karen Hammerness）针对达林·哈蒙德（Darling-Hammond）及其同事（Darling-Hammond，2006；Darling-Hammond，Berry，1999）提出的强大教育计划的三个关键特征，即愿景、连贯性和以教学实践为基础的学习机会，并发表了一篇关于挪威教师教育计划的评论文章。她的评论提出了批评：认为教师教育课程缺乏共同的愿景，学习师范方向的学生很少有机会在实践中学习。因此，哈默内斯成为小学和初中教师教育国际顾问小组的成员也就不足为奇了。

任何举措的成功与否都取决于它所要实现的目标，以及它是如何确定对质量的期望的。《挪威教师教育改革》（*Transforming Norwegian Teacher Education*）中的建议既针对教育部及其组成团体，也针对教师教育机构。对教育部而言，重点是改变问责制度，把重点放在责任、机构和创新上，而不是监督遵守情况和统一性，以及这将对可持续性、资金和支持有效的伙伴关系产生的影响。对师范院校而言，这些建议侧重于建立研究能力、采用基于研究的方法来设计和整合课程，以及发展合作伙伴关系和学校经验。此外，报告还就这一伙伴关系如何最好地相互支持教师教育硕士阶段的工作提出了建议。

挪威的审查建议和威尔士战略的共同点是，承认研究是优质教育经验的主要推动力，并且需要投资支持研究基础设施。这种研究投资的必要性是普遍存在的，因为审查强调教师教育研究往往是片面、有限和范围狭窄的。尽管威尔士和挪威的这些改革的影响尚未显现出来，但它们都从另一个角度看待教师教育的质量问题，并强调研究和大学之间强有力的合作关系。这些建议还将研究导向视为一种创造可持续和系统性变革的方式，与其他地方经常采用的问责和遵守政策形成鲜明对比。实际上，他们将研究作为一种机制进行投资，使教学专业化并为教学提供信息，这反过来又会对教学质量产生影响。

在我与威尔士的一位教师教育工作者的讨论中，他们认识到，该战略的实施遇到了一些挑战：例如，教师教育工作者是否有机会以及是否有能力充分积极地开展研究，新教师和学校是否了解并研究为他们提供的作用和机会。有证据表明，随着新教师从师范教育课程中毕业，他们对教师的期望发生了变化，但向更具"研究性倾向"的过渡仍是一项挑战。威尔士战略的一个优势在于它明确区分了研究与探究，但对于那些已经参与了一段时间，并以研究为基础的方法的教师教育工作者来说，这种区分仍然具有挑战性。

第三节　安大略教育研究院以研究为导向的教师教育

安大略教育研究院（The Ontario Institute for Studiesin Education，OISE）是多伦多大学的一个教育创新研究机构，它开设的教学硕士课程是安大略省唯一的研究生层次的教师教育课程，与魁北克省的麦吉尔大学开设的课程一起，是加拿大仅有的两个教师教育课程之一（Baxan，Broad，2017）。该教师教育课程的一个主要特点是在内容、教学法和实践方面都以研究为基础，这体现在课程结构中如何将研究与学术课程和实践教学元素放在同等重要的位置。这一点在该课程的愿景中非常明确。

卓越的教学和学术研究是师范类硕士课程相辅相成的支柱。该课程培养学生成为出色的教师和领导者，能够对教育研究进行咨询、评论、创造和动员……研究是师范类硕士学位课程的核心。作为师范类硕士的学生，人们将有机会通过课程学习教育研究方法，在每人感兴趣的专业领域开展研究，并获得研究生水平的学术成果。

（《教学硕士课程手册》，2020 年）

研究被嵌入师范生必须修读的学术课程中，并包含对原创研究论文的评估和会议报告。研究旨在成为新教师所学知识的一部分，即将研究作为指导和发展实践方式的一种能力，同时认识到研究在该领域中的地位。这也是学习教学

的主导教学法：你的研究成果将为你自己的教学实践和教师研究者的专业身份
提供信息。

不过，这种方法确实给该课程带来了问题。安大略教育研究院不得不考虑
在该课程任教的教职员工的研究能力，他们中的许多人都是"课时制"教职员
工：在该课程任教和指导的兼职讲师，其中一些人可能在其他地方担任类似职
务。虽然这些教职员工可能拥有相关领域的博士学位，但安大略教育研究院团
队制订了专业发展计划和研究资金流，以支持这些同事继续积极参与研究。他
们之所以这样做，是因为他们相信，对于以研究为导向的课程而言，在该课程
任教的教职员工本身也必须积极参与研究。因此，整个教学团队对研究的作用
和价值的认识似乎非常一致。

此外，随着研究越来越多地融入该课程，出现了一些问题，如研究与教学
技能和行为的发展、学校合作伙伴的参与和介入以及新教师需要了解的研究方
法之间的关系。课程领导层继续质疑和审查研究在计划中的作用。

我认为这是关键问题之一。那么，研究型教师教育课程或研究型研究生教
学课程是什么样的？重点是如何转移的？我想到了我们如何评估学生，他们
中的大多数人都认为研究是孤立的。因此，这是一个研究密集型的课程，但我
们要解决的大问题是，成为专家意味着什么？是什么让这个课程达到了硕士
水平？

（安大略教育研究院，采访，2020 年）

这些思考和问题很有见地，特别是考虑到将研究作为提高教师教育质量的
一种方式。它们反映了关于研究与教学学习之间的关系、开展此类研究所需的

基础设施以及对教师教育工作者提出的要求等问题。

以第三章所概述的结果指标和第二章所概述的教师行为为重点的教师教育方法，其范围可能是有限的。以研究为导向的教师教育方法为师范教育提供了可能性，它反映了对情境判断所需的行为、技能、知识和理解的更广泛的概念，而情境判断是教师职业的一个关键特征。采用研究视角可以使专业学习的形式强调选择性和灵活性，换言之，其核心是适应性。门特及其同事（2010）展示了教师教育的不同侧重点如何以不同的方式定位研究。例如，应当关注以下。

- 有效型教师：强调达到标准和能力，将研究定位为需要消化和理解的内容；

- 反思型教师：强调通过实践实现个人专业发展，将研究视为挑战基于经验的假设的工具；

- 探究型教师：采用探究式教学方法，在某些情况下，这种方法趋向于研究取向；

- 变革型教师：在研究中采取积极主动的姿态，以促进社会变革，并将研究视为解放。

因此，研究可以被看作是挑战教学假设的一种方式，是调查和探究反映当地背景、需求和教学论述的实践的一种方式，同时是挑战教育中存在的公平和公正问题的一种方式，因此可以为教师教育提供一系列可能的想法，促进教师教育的转型。

第五章

探索优质教师教育

Adapting
for Quality
Teacher
Education

人们对教师教育质量的看法可能各不相同，这在很大程度上取决于其所重视的观点。通过教师标准、问责措施，甚至是研究成果来阐述的官方质量的定义，可能与教师教育工作者的日常实践相去甚远。本章探讨了教师教育工作者如何调整自己的实践，以实现他们所理解的优质教师教育。这种将质量视为转变的说法可能最接近新教师的经验，它高度依赖于具体情境，根植于其所在地，展示了其在其他可能受限的环境中是如何提升教育质量的。这些论述反映了优质教师教育是如何在各地独特的问责制、结构、伙伴关系和学生供应安排下开展工作的，因此它侧重于教师教育工作者的工作，并与其他由政策或政府倡议制定的举措形成对比。

第一节 教师教育实践模型

在 2018~2020 年进行的研究中，我观察了五个不同国际背景下的教师教育课程（Brooks，2021）。在实地考察期间，我与众多教师教育工作者进行了交谈，观察了他们的实践，并收集了他们在不同背景下与不同压力条件下工作的示例。通过对此，我认为人们的工作具有很强的适应性，并将其体现在教师教育实践模型中（图 5.1）。

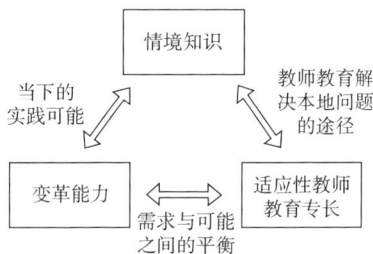

图 5.1 教师教育实践模式

教师教育实践模型是通过实证数据分析建立起来的，并对每个研究地点的主要参与者、参与者和利益相关者进行了验证和讨论。它反映了三个方面的知识，我称之为空间知识，因为它们牢牢地扎根于我所研究的每门课程的现场或地点。该模型的布局显示了这些空间知识是如何相互关联的，尤其是教师教育工作者的工作适应性是如何将可能的和可取的背景结合在一起的。该模型中的关系也是双向的：空间会影响教师教育的实践和教学法，反过来，这些影响又会塑造教师教育的认知方式。设计该框架的目的是将这些元素排列出来，展示它们是如何相互交叉和相互关联的。

教师教育工作者是在一系列影响因素、参数、问责措施和机遇中开展工作的。该模型试图捕捉这些机会以及了解它们是如何影响教师教育实践的。

- 情景化知识：教师教育工作者对教育既有广博的知识，也有本地化的深入了解。他们对其课程的覆盖区域、课程的独特性和主要问题/优先事项都有详细的了解。这种了解是建立在国家和全球话语体系之上的，因此，他们能够了解当地特定的新教师需求反映出国家层面与教师招聘相关的趋势和举措等。他们还了解相关人员的情况：谁选择在这里当教师？他们将与谁共事？当地学校需要什么，想要什么？本地化知识具有很强的情境性，它包括教育辩论和问题，但又具体到这些辩论和问题在当地是如何发生的。我们预计，在高等教育机构的教师教育课程中，这种知识也会参考研究文献。这些知识是动态的，会受到学校的教育趋势以及与教师教育有关的新研究成果的影响。

- 适应性教师教育专业技能：教师教育处于包括大学和学校在内的一系列组织的复杂问责结构和多方利益关联之中，这会影响教学法和实践。因此，教育专业技能的来源是多方面的，包括专业学习理论、在各种情境下与新教师合作的经验，以及来自其他领域和研究的学习与教学知识。这种专业的教师教育知识来源于教学经验，但又有别于教学经验，而且必须高度适应当地的动态环境以及研究的新发现。这种知识基础使教师教育工作者能够就如何组织、教授和评估他们的课程做出明智的决定，并在适应性的情况下，在教师教育中多次灵活探索创新的可能性。

● 变革能力：就实践和教学法作出决定的能力可能会受到特定环境中各种因素的限制和制约，如大学治理体系、地方资金或问责安排及围绕合作关系的实践传统等。大学和学校必然是为其他活动而设计的，如研究、教学。因此，他们的系统可能不是教师教育的最佳选择。由此，教师教育工作者在进行任何调整时，都必须考虑到这些限制因素和机遇。

（Brooks，2021，p.204-205）

在我所研究的五门教师教育课程中，我看到了教师教育工作者开展适应性工作的例子，他们在我上述的知识和能力的基础上进行调整。每种情境都是独一无二的，因此采取的行动也各不相同。

在亚利桑那州，一些学区长期需要新教师，因此亚利桑那州立大学玛丽·路·富尔顿教育学院提出了"下一代教育工作者"计划，使学区可以在师范专业最后一年聘用应聘教师，让他们在一位指导教师的指导下组成团队工作。这样做有双重作用，既能让师范生在最后一年的学习中获得一定的报酬，又能获得必要的实习经验，还能在一定程度上解决教师供应问题。此外，通过受聘于学区，师范生将被鼓励在取得资格证书后继续在教师需求量大的地区工作。这种创新方法也是基于对教学复杂性的理解，以及发展实践社区以支持新教师的重要性。

在教师教育经验方面，这种方法需要做出一些必要的改变。作为学校里的指导教师，这位教师要负责一支由三名实习生组成的团队整整一个学年，同时要与实习生共同承担讲授两门课程的责任，即他们自己的课程以及分配给实习生团队的课程。指导过程在该学年内有所变化，但也取决于特定实习生的各种需求。此外，负责监督本地区导师和教师的现场负责人也改变了角色。新的安排使她有更多的时间与候选教师一起上课，这对她所能提供的指导支持产生了积极影响。虽然作为教育者和教师教育工作者的现场负责人的经验比指导教师丰富得多，但他们都讲述了在课程中对教师教育工作的调整：这种调整似乎与彼此不断变化的角色相辅相成，并顺应了学年的起伏，三名实习生的不同需求以及他们所带班级的具体需要。该课程的发展性质意味着他们有很大的能力在学年中做出这些改变，并利用这些经验向计划团队提供反馈，为进一步的发展提供信息。

指导教师的角色对本校教师来说是一次重要的专业发展机会。作为团队的领导者，她现在要负责三名候选教师和六十名学生，并承担规划、评估、福利和家庭联络等所有相关责任。此外，指导教师还是候选教师的同事，必须在导师、同事和指导者之间摇摆不定。这些新角色为指导教师提供了宝贵的专业发展机会，特别是在领导能力方面，但也要求他们具备不同于单纯指导角色的技能。随着时间的推移，这些角色的平衡也会发生变化。据指导教师描述，在学年之初，他们更多地是以身作则，而随着新教师的发展，他们则更多地以合作的方式与候选教师和学生并肩工作。

同样，教学点负责人讨论了她的角色是如何转变为更多的"团队成员"，与主任教师一起工作，并承担指导候选教师的部分工作。教学点负责人仍然负责完成教学观察表格和其他评估文件，但其角色已更接近于指导，并致力于帮助候选教师的个人发展。作为一名具有丰富指导经验的人，她对这种角色转变感到很适应，并表示她将利用自己丰富的指导经验，根据需要在这些角色之间进行转换，并在指导教师的角色发生变化时为其提供支持。学校和大学的教师教育工作者都表现出很强的适应能力，能够应对整个学年中发生的变化，以及课程结构变化所要求的师范生不断变化的需求。

正在审查的另一个领域是授课课程也需要调整。这些在当地被称为学术教师的同事也发现他们的角色正在转变。随着对该课程结束时的实习经验所产生的影响的理解加深，他们也在考虑需要对课程进行哪些调整，尽管当时这项研究仍在初期阶段。

上述"适应性"概念的前提是，教师教育工作者有调整其实践的权利和能力。在"下一代教育工作者"计划中就是这种情况，但并不总是如此。教师教育课程的变化可能是由外部强加的，没有给适应调整留出必要的灵活性。伦敦大学教育学院（Institute of Education，University of London，IOE）的教师教育课程是围绕螺旋式课程模式构建的，类似于比耶斯塔（Biesta，2019）所描述的模式。在小学课程中，这被描述为一个学习循环的过程，通过三个阶段的学校体验，根据实习教师不断增长的经验和专业知识，对教学学习的主要内容进行回顾。然而，政府关于语音教学的规定打断了这一进程，要求在课程开始时就安排大部分语音教学。教师教育工作者对这种做法很不满意，因为他们认为语音教学内容与实习教师的课堂经验不一致，这意味着实习教师无法充分利用理论与实践的联系。虽然这说明了改变能力的局限性，但教师教育工作者利用他们的情景知识，即他们的合作学校是如何教授语音的和他们自己的适应性实践，通过对校本经验的期望以及大学授课课程的内容和方法，确保这种学习在课程后期得到巩固。换句话说，通过教师教育工作者的适应性，一项有可能阻碍教学质量的政策措施得到了解决。

对质量持不同看法的这种紧张关系是被司空见惯的，即使所有合作伙伴都对课程应达到的目标抱有一致的看法。第一章中提到的爱丁堡大学的变革性学习与师范类硕士课程就是一个例子，该课程是围绕改革和发展积极的教学专业这一理念而专门设计的（Sachs，2003）。该课程旨在通过三个独特的要素来支持这一愿景：

- 硕士级别的参与，以支持对教学的批判性、激进性导向；

- 一种评估理念，认为所有的评估活动都应具有专业性、可持续性、合作性和以学生为中心的特点。

- 关注基于现场的学习，将其完全整合到课程中。

（Kennedy，2018）

尽管有机会建立这样一个课程，其主要特点如第二章所述，是具有共同的愿景、连贯性和对学习机会的适当关注，但肯尼迪（Kennedy）指出，在三个不同的文化空间，即政治、专业和大学中仍然存在着显著的对立叙事。就上述课程而言，肯尼迪概述了在这些叙述中开展工作所需的适应性。与国际教师教育课程一样，适应性的重点通常在于教师教育工作者。当影响质量的潜在障碍不在他们的影响范围内时，这一点就显得非常重要，同时提出了一些问题，即如何才能消除对质量的系统性威胁。

并非所有影响教学质量的障碍都是由政府指令所引发的。在研究过程中，我了解到教师教育工作者不得不围绕大学或学校的结构开展工作的一些情况，这些结构对于教师教育经验来说并不理想。情况如下。

- 指导教师报酬安排的变化影响了谁可以成为新教师的指导教师；

- 大学的工作量和时间安排政策阻碍了在整个学年的关键时刻将实习教师、导师和大学导师聚集在一起的创新做法；

- 学年结构主宰了何时可以进行评估或何时可以进行实习，这使理论与实践之间的明确联系变得具有挑战性；

- 大学的教师招聘政策阻碍了一些技能高超、经验丰富的教师作为教员参与课程；

- 晋升体系不利于那些缺乏传统的以研究为职业发展导向的教师教育工作者，也不利于那些为了教师教育课程的利益而投资于关系和伙伴关系管理的教师教育工作者。

在上述每一个例子中，教师教育工作者都以一种适应性的方式开展工作，其往往把实习教师的经验放在首位，而不是自己的职业生涯。教师教育工作者努力培养和支持新的导师，承担教学工作，而不将其计入自己的工作量，或者描述了灵活的教学计划和超出单元时间表的工作，或者放弃晋升机会，专注于提供高质量的教师教育经验。我相信正是这些教师教育工作者的承诺确保了他们课程中的新教师拥有高质量的转型经历。

然而，尽管概述教师教育工作者开展高质量工作的情况令人高兴，但必须认识到这样做的局限性和代价。保持高质量教师教育实践的核心是教师教育工作者的适应性与专业知识，这必然会因地点和角色的不同而不同，特别是在大学、学校和其他合作伙伴之间。这对领导者和教师教育工作者个人都是必要的。过于固定或教条的方法不可能适应当地不断变化的环境。教师教育工作者自己往往认识不到这种专业知识，或在应对不断变化的质量定义时，不能理解其适应性。

事实上，并不是所有的教师教育工作者都能适应当地的实践变化，也不是所有的教师教育工作者都具备必要的专业知识。在许多以大学为基地的教师教育工作者都是以临时性和只从事教学工作的合同形式受聘的情况下，适应性教师教育的专业知识就显得尤为重要。

然而，围绕教师教育的问责、评判和安排可能会影响教师教育的效果，它们并不总是关注真正影响教育质量的因素，而是将注意力引向质量的替代品。这可能会产生奥尼尔（2013）所说的反向效应。变革能力有限的制度，例如，在高度规范的背景下，规定性的课程很可能会限制创新或调整的机会。高风险的问责制度会使人们关注被衡量的事物，而不是能够带来变革的实践。变革的能力可能不属于教师教育工作者，甚至不属于大学的教育系或教研室。它可能受到外部专业协会或政府部门的控制，它也可能取决于个别机构，取决于赋予个别教师教育工作者或课程负责人的自主权和代理权。因此，有必要实行奥尼尔所说的"明智的问责制"，即明确区分衡量的内容和评判的内容，并认识到可能导致变革的做法是难以衡量的。

第二节 伙伴关系的重要性

教师教育实践模式的缺点之一是，它可以被解读为一种高度个性化的质量考量方式。伙伴关系是教师教育工作的核心。教师教育工作者需要确保学校和大学以最佳的方式开展合作。许多文献都主张建立一种更少等级制的伙伴关系，承认学校不仅是教师实践的场所，更是教师教育的平等合作伙伴。然而，现实更具挑战性。教育机构本质上是等级森严的，大学学术工作的等级制度与学校的教学实践之间存在着紧张关系。因此，教师教育文献强调伙伴关系应该是合作性的，这并不奇怪，但正如史密斯、布里萨尔和门特（2007）所指出的，大多数教师教育的伙伴关系并不具有这种性质，因为在建立这种伙伴关系时存在着许多障碍。

通过不同的资助模式和对学校直接参与的期望水平，伙伴关系的形成成为可能。就昆士兰州的学校和新西兰的师范学校而言，学校在参与师资教育中拥有既得利益，并因此直接获得报酬，或通过定期审查来对学校负责。在亚利桑那州，参与教师教育被视为确保学区未来师资的一项重要战略。如果教师教育不是学校问责制或财务制度的一部分，那么对个别学校来说，教师教育合作可能就不是优先事项。

在调研访问期间，我注意到为建立和维持富有成效的教师教育伙伴关系而制定的几项举措。在某些情况下，这些举措已被纳入课程验证和认证要求中，要求发展真正的合作伙伴关系，并证明与社区团体的合作。此外，与学校伙伴合作时，应考虑新教师入职时所需的各种支持，相关部门为此付出了相当大的努力。然而，在这项工作中存在着三个主要矛盾。

- 关于学校因安排实习和指导新教师而可能需要的额外工作报酬的担忧；

- 学校和大学之间对教师教育的要求，以及什么是可接受的教师教育候选人或毕业生的认识存在差异；

- 关于在教师教育中谁掌握权力的观念差异，特别是新教师入职的条件，以及潜在的新教师在需求领域的分配情况。

在新西兰，师范学校的教师教育工作直接由中央拨款。在昆士兰州，我的实地考察恰逢与教师工会就直接支付教师指导学生的费用进行重新谈判。报酬的形式是课程费，还是由中央拨款支付，其拨付是直接付给学校、教师还是由校董会或学区监督，这些都对教师教育作为大学内的一项活动在财务上的可行性以及学校的参与产生影响。

同样，在教师教育的重点问题上，大学与其合作伙伴之间也可能存在着矛盾：是应把重点放在实习中学到的东西上，还是放在培养可迁移的技能上，还是放在理论或学术知识的实用性上。在一些地方，与我交谈过的教师教育工作者都强调了实践是学习教学的核心，我访问过的许多学校都宣称，他们认为大学的贡献和专业知识是关联十分紧密的。然而，也存在着一些矛盾：教师教育工作者与学校的快速变化甚至脱节，理论与实践脱节，实习教师的需求与课程提供内容之间的矛盾。教师教育质量的责任是由大学还是伙伴学校承担，也是一个很大的矛盾。虽然学校是合作伙伴，但如果他们的参与不力，那么学校对教师教育质量的影响不大。学校希望得到充分的咨询和参与，在某些情况下，学校被完全纳入评审小组。然而，在另外一些情况下，学校与大学面临的挑战不同。举例来说，在伙伴关系审查实习和实践安排时，学校对时间和持续时间的偏好可能与大学的时间安排或不断变化的学生群体，包括向非全日制学生和职业转换者的转变的需求不符。合作伙伴关系的维护是教师教育中极为重要但又耗费时间的一个方面，而且很少得到认可或奖励（Ellis，McNicholl，2015）。这些紧张关系往往源于对教师的含义、重要性以及优质教师教育课程中需要优先考虑的事项的不同认识。即使在已建立的伙伴关系中，保持共同愿景也是一个需要不断维护的过程。

随着整个教育领域的变化，特别是随着学校实践的变化，随着我们对学习和教学理解的加深，随着学生需求的变化，以及随着相关组织的工作安排和立法环境的变化，教师教育很可能需要继续进行调整。这些变化是不可避免的，也可能是无法预测的。尽管采取联合行动反对转移视线的政策转变和问责措施很重要，但教师教育工作者如何应对这些变化才是影响教师教育质量的关键所在。

第三节 近年来的自适应性

教师教育课程是具有自适应性的，在线教学的经验证明了这一点。一些学校和大学的关闭以及许多学校和大学转向在线教学，给教师教育带来了非常现实的挑战。关于这一时期为了支持新教师的持续发展需要进行哪些变革和调整，有许多说法［见《教师教育杂志》（*Journal for the Education of Teachers*）的特刊社论，马顿，2020；《欧洲教师教育杂志》（*European Journal of Teacher Education*），弗洛雷斯和斯威南，2020］。其中的许多调整如下。

● 接受在线教学；

- 被迫进行在线教学，如学会了在线教学后又转为面对面教学；

- 了解何时使用异步和同步体验；

- 使用数字实地考察和虚拟游览；

- 使用混合现实模拟和 360 度媒体；

- 考虑数字鸿沟的影响，培养对"数字公民"身份的理解；

- 与家长合作，以在远程教学时应对批评；

- 在在线学习环境中建立存在感并确保学生的参与；

- 在线进行非正式和正式评估；

- 远程观察教学，并接受观察与评估。

此外，教师教育还必须考虑学校在更广泛的社会范畴和社区功能方面的新视角，包括如何解决参与和准入问题，如何应对公众批评并参与辩论。

随着世界进入科技发展的新阶段，"失去"的学习、贫困的遗留问题、有区别的获取问题以及从在线学习回到课堂和学校空间等问题都将变得更加严峻，这对教师和教师教育工作者提出了一系列不同的挑战。促使人们迫切地进行创新，迅速发展新的技能，而这些技能的培养往往在缺乏帮助或政策环境不利的情况下进行。因此，这是一个充满深刻变革的时期。

然而，研究表明（Brooks，McIntyre 和 Mutton，2021），与此相关的转变可能不会持久，而且可能会随着生活恢复正常，教师教育以及推动教师教育的政策也有可能回到之前的状态。在这里，我想强调的是关于领导力的问题。在上述关于适应性教师教育专业知识的例子中，教师教育工作者在管理变革过程和确保所做的决定有利于新教师方面表现出了领导力。这也是推动许多特殊时期教师教育适应性变革的过程。从这个意义上讲，领导力不仅仅是控制，而是基于重要性作出的决策。教师教育实践模式体现了适应性可以反映出一种高质量的教师教育，而不仅仅是对问责程序或治理体系的指标作出回应。适应性需要建立在真正能产生影响的观点之上。这是对教育变革的理解，即建立在一套关于教学、教育所服务的社会需求以及社区期望教育发挥的作用的价值观和理解之上，简而言之，这种理解认为教师教育具有深远的教育意义。

因此，该模式并不提倡统一性或一致性，而是承认"质量"可以通过各种方式体现出来。正如我们在本书中所看到的那样，"质量"是一个有争议的概念，其定义是多种多样的。一个人对其需要做的事情以及可能做到的事情的理解，取决于他们对什么是优质教育、什么是优质教师或优质教学、他们所指的教师教育是什么以及他们认为教师教育的良好实践是什么的看法。该模式反映了这种理解质量的细微差别：即使基础设施或实践环境的某些方面使教师教育的转型具有挑战性，转型教学法也是可能的。换句话说，优质教师教育在这些不同的环境和背景下都是可能的。影响实践的障碍总是存在的，但这并不妨碍教师教育和教师教育工作者努力实现其转型，这也不妨碍教师教育工作者以合作和战略的方式，反驳对质量构成威胁的言论，或反对对质量构成威胁的政策。这些行动是有必要的。

该模式还认识到，可能被认为是高质量办学的某些方面，如是否有"理想"的候选人或是否有特定类型的伙伴关系等，可能不属于教师教育工作者或课程的直接职责范围。高质量的教师教育课程应该是能够针对性地解决这些问题的课程，如考虑如何支持新教师成为最好的教师或寻求其他方法来吸引和容纳不同类型的申请者等。教师教育始终需要适应不断变化的社会和教育环境。

对教师教育的政策影响将继续存在，但很可能会发生变化，随着其他问题的消退，将出现更多的质量难题。教师教育需要适应这些不断变化的情况，为此教师需要详细了解现场和情境知识、该领域本身的机遇和发展、如何有效利用这些机遇和发展，以及发生情感变化的可能性，如适应性教师教育专业知识和变化能力。此外，高质量的教师教育需要考虑这些要素如何相互依存和相互制约。

本书第四章概述了以研究为导向的教师教育方法如何能够取得高质量的成果和经验。我想说的是，以研究为导向来理解教师教育的质量也是如此。随着教师教育概念与方式的改变，专业教师教育工作者需要借助研究，使教师教育超越技术培训的范畴，更加重视这里所讲述的教育层面的转变。作为一种专业培训形式，教师"培训"或教师"准备"与教师"教育"截然不同。研究的作用不仅仅是提供有关"最佳做法"或"行之有效的方法"的信息，还要为决策提供知识库，并为关键的形势判断提供支持。在"白热化"的行动中，教师教育工作者可能不会意识到他们在利用基于研究的知识，但会利用到他们对形势的理解。想要准备好作出这些情境判断，就需要知识的积累，而教师教育工作者需要获得各种思想和知识，以发展这一基础。所有的教育者都需要各种思想和知识，这样他们才能加深其对专业实践的理解。从转型的角度来看，这正是教师教育质量的基础。

参考文献

［1］Adams, P., & McLennan, C. (2021) . Towards initial teacher education quality: Epistemological considerations. *Educational Philosophy and Theory*, 53 (6) , 644–654.

［2］Adhikary, R. W., & Lingard, B. (2017) . A critical policy analysis of 'Teach for Bangladesh': a travelling policy touches down. *Comparative Education*, 54 (2) , 181–202.

［3］Alexander, R. J. (2015) . Teaching and learning for all? The quality imperative revisited. *International Journal of Educational Development*, 40, 250–258.

［4］Anderson, G. L., & Herr, K. (2011) . Scaling up 'evidence–based' practices for teachers is a profitable but discredited paradigm. *Educational Researcher*, 40 (6) , 287–289.

［5］Ball, S. J. (1990) . *Politics and policy making in education: explorations in policy sociology*. London: Routledge.

［6］Ball, S. J. (2003) . The teacher's soul and the terrors of performativity. *Journal of Education Policy*, 18 (2) , 215–228.

［7］Ball, S. J. (2008) . Performativity, privatisation, professionals and the state. In B. Cunningham (Ed.) , *Exploring Professionalism* (pp. 50–72) . London: Bedford

Way Papers.

［8］Ball, S., Maguire, M., Braun, A., et al（2012）. Assessment technologies in schools: 'deliverology' and the 'play of dominations'. *Research Papers in Education*, 27（5）, 513–533.

［9］Barber, M.（2007）. *Instruction to deliver: Tony Blair, public services and the challenge of achieving targets*. London: Politico's.

［10］Barber, M., & Mourshed, M.（2007）. *How the world's best performing schools systems come out on top*. London: McKinsey & Company.

［11］Barnes, M.（2021）. Framing teacher quality in the Australian media: the circulation of key political messages? *Educational Review*, 1–17.

［12］Barnes, M., Quiñones, G., & Berger, E.（2021）. Constructions of quality: Australian Childhood Education and Care（ECEC）services during COVID–19. *Teachers and Teaching*, 1–18.

［13］Bartell, T., Floden, R., & Richmond, G.（2018）. What data and measures should inform teacher preparation? Reclaiming accountability. *Journal of Teacher Education*, 69（5）, 426–428.

［14］Bennett, T., Grossberg, L., & Morris, M.（2005）. *New keywords. A revised vocabulary of culture and society*. Oxford: Blackwell Publishing.

［15］Biesta, G.（2007）. Why 'what works' won't work: evidence–based practice and the democratic deficit in educational research. *Educational Theory*, 57（1）, 1–22.

［16］Biesta, G.（2012）. Receiving the gift of teaching: from 'learning from' to 'being taught by'. *Studies in Philosophy and Education*, 32（5）, 449–461.

[17] Biesta, G.（2019）. Reclaiming teaching for teacher education: towards a spiral curriculum. *Beijing International Review of Education*, 1（2–3）, 259–272.

[18] Biesta, G., Takayama, K., Kettle, M., & Heimans, S.（2021）. Teacher education policy: part of the solution or part of the problem? *Asia-Pacific Journal of Teacher Education*, 49（5）, 467–470.

[19] Bourke, T., Ryan, M., & Lidstone, J.（2012）. Reclaiming professionalism for geography education: defending our own territory. *Teaching and Teacher Education*, 28（7）, 990–998.

[20] Brooks, C.（2021）. *Initial teacher education at scale: quality conundrums.* London: Routledge.

[21] Brooks, C., McIntyre, J., & Mutton, T.（2021）. Teacher education policy making during the pandemic: shifting values underpinning REFERENCES 92 change in England? *Teachers and Teaching*, 1–18.

[22] Brouwer, N., & Korthagen, F.（2005）. Can teacher education make a difference? *American Educational Research Journal*, 42（1）, 153–224.

[23] Brown, T.（2017）. *Teacher education in England: a critical interrogation of school-led training.* London: Routledge.

[24] Burn, K., & Mutton, T.（2013）. *Review of research-informed clinical practice in teacher education, paper submitted to the BERA-RSA Inquiry.* London: BERA/RSA.

[25] Caperton, G., & Whitmire, R.（2012）. *The achievable dream: College Board*

lessons on creating great schools. New York, NY: College Board.

［26］Cochran–Smith, M.（2004）. The problem of teacher education. *Journal of Teacher Education*, 55（4）, 295–299.

［27］Cochran–Smith, M.（2005）. Studying teacher education: what we know and need to know. *Journal of Teacher Education*, 56（4）, 301–306.

［28］Cochran–Smith, M.（2020）. Relocating teacher preparation to new graduate schools of education. *The New Educator*, 17（1）, 1–20.

［29］Cochran–Smith, M.（2021）. Exploring teacher quality: international perspectives. *European Journal of Teacher Education*, 1–14.

［30］Cochran–Smith, M., Carney, M. C., Keefe, E. S., Burton, S., Chang, W.–C., Fernández, M. B., ··· Baker, M.（2018）. *Reclaiming accountability in teacher education*. New York: Teachers College Press.

［31］Cochran–Smith, M., Keefe, E. S., Carney, M. C., Sanchez, J. G., Olivo, M., & Smith, R. J.（2020）. Teacher preparation at New Graduate Schools of Education; studying a controversial innovation. *Teacher Education Quarterly*, 47（2）, 8–37.

［32］Cochran–Smith, M., & Zeichner, K. M.（2005）. *Studying teacher education: the report of the AERA Panel on Research and Teacher Education*. Mahwah, NJ: Lawrence Erlbaum Associates.

［33］A Community of inquiry（2018）. *Keywords; for further consideration and particularly relevant to academic life, especially as it concerns disciplines, inter-disciplinary endeavor and modes of resistance to the same*. Princeton, NJ:

Princeton University Press.

[34] Connell, R. (2009). Good teachers on dangerous ground: towards a new view of teacher quality and professionalism. *Critical Studies in Education*, 50 (3), 213–229.

[35] Crawford–Garrett, K., Rauschenberger, E., & Thomas, M. A. (2020). Examining teach for all: An introduction. In Matthew A.M. Thomas, Emilee Rauschenberger, Katherine Crawford–Garrett (Eds.), *Examining Teach for All* (pp. 3–12). London: Routledge.

[36] Darling–Hammond, L. (2006). *Powerful teacher education: lessons from exemplary programs*. San Francisco: John Wiley & Sons.

[37] Darling–Hammond, L. (2017). Teacher education around the world: what can we learn from international practice? *European Journal of Teacher Education*, 40 (3), 291–309.

[38] Darling–Hammond, L. (2021). Defining teaching quality around the world. *European Journal of Teacher Education*, 1–14.

[39] Darling–Hammond, L., & Berry, B. (1999). Recruiting teachers for the 21st century: the foundation for educational equity. *Journal of Negro Education*, 68 (3), 254–279.

[40] Darling–Hammond, L., Macdonald, M. B., Snyder, J., Whitford, B. L., Ruscoe, G., & (2000). *Studies of excellence in teacher education: preparation at the graduate level*. Washington DC: ATCEE.

[41] Day, C. (2019). Policy, teacher education and the quality of teachers and

teaching. *Teachers and Teaching*, 25（5）, 501–506.

［42］Edwards–Groves, C., & Grootenboer, P.（2015）. Praxis and the theory of practice architectures: resources for re–envisioning English education. *Australian Journal of Language and Literacy*, 38（3）, 150–161.

［43］Ellis, V.（2019）. Teacher education in England: a critical interrogation of school–led training. *Journal of Education for Teaching*, 45（3）, 365–367.

［44］Ellis, V., Maguire, M., Trippestad, T. A., Liu, Y., Yang, X., & Zeichner, K.（2015）. Teaching other people's children, elsewhere, for a while: the rhetoric of a travelling educational reform. *Journal of Education Policy*, 31（1）, 60–80.

［45］Ellis, V., & McNicholl, J.（2015）. *Transforming teacher education: reconfiguring the academic work*. London: Bloomsbury Publishing.

［46］Ellis, V., Souto–Manning, M., & Turvey, K.（2018）. Innovation in teacher education: towards a critical re–examination. *Journal of Education for Teaching*, 45（1）, 2–14.

［47］Ellis, V., & Spendlove, D.（2020）. Mediating 'School Direct': the enactment of a reform policy by university–based teacher educators in England. *British Educational Research Journal*, 46（5）, 949–966.

［48］Ericsson, K.A., Krampe, R.T., & Tesch–Romer, C.（1993）. The role of deliberate practice in the acquisition of expert performance. *Psychological Review,* 100（3）, 363–406.

［49］Evans, L.（2008）. Professionalism, professionality and the development of education professionals. *British Journal of Educational Studies*, 56（1）, 20–38.

［50］Evans, L. (2011). The 'shape' of teacher professionalism in England: professional standards, performance management, professional REFERENCES 95 development and the changes proposed in the 2010 White Paper. *British Educational Research Journal*, 37 (5), 851–870.

［51］Firestone, W. A., & Donaldson, M. L. (2019). Teacher evaluation as data use: what recent research suggests. *Educational Assessment, Evaluation and Accountability*, 31, 289–314.

［52］Flores, M. A., & Swennen, A. (2020). The COVID–19 pandemic and its effects on teacher education. *European Journal of Teacher Education*, 43 (4), 453–456.

［53］Francis, B., Hodgen, J., Craig, N., Taylor, B., Archer, L., Mazenod, A., ⋯ Connolly, P. (2019). Teacher 'quality' and attainment grouping: the role of within–school teacher deployment in social and educational inequality. *Teaching and Teacher Education*, 77, 183–192.

［54］Furlong, J. (2019). The universities and initial teacher education; challenging the discourse of derision. The case of Wales. *Teachers and Teaching*, 25 (5), 574–588.

［55］Gaertner, H., & Brunner, M. (2018). Once good teaching, always good teaching? The differential stability of student perceptions of teaching quality. *Educational Assessment, Evaluation and Accountability*, 30 (2), 159–182.

［56］Gallie, W. B. (1955). Essentially contested concepts. *Proceedings of the Aristotelian society.* 56, 167–198.

［57］Gewirtz, S., Maguire, M., & Neumann, E., et al（2019）. What's wrong with 'deliverology'? Performance measurement, accountability and quality improvement in English secondary education. *Journal of Education Policy*, 1–26.

［58］Goldhaber, D.（2018）. Evidence–based teacher preparation: policy context and what we know. *Journal of Teacher Education*, 70（2）, 90–101.

［59］Grossman, P.（2008）. Responding to our critics: from crisis to opportunity in research on teacher education. *Journal of Teacher Education*, 59（1）, 10–23.

［60］Grossman, P.（2018）. *Teaching core practices in teacher education.* Cambridge, MA: Harvard Education Publishing Group.

［61］Grossman, P., Hammerness, K., & McDonald, M.（2009）. Redefining teaching, re–imagining teacher education. *Teachers and Teaching*, 15（2）, 273–289.

［62］Grossman, P., Kavanagh, S., & Dean, C.（2018）. The turn to practice in teacher education. In Grossman, Pam（Ed.）, *Teaching core practices in teacher education*（pp. 1–13）. Cambridge, MA: Harvard Education Press.

［63］Grossman, P., Kazemi, E., & Kavanagh, S. S., et al（2019）. Learning to facilitate discussions: collaborations in practice–based teacher education. *Teaching and Teacher Education*, 81, 97–99.

［64］Grossman, P., & Pupik Dean, C. G.（2019）. Negotiating a common language and shared understanding about core practices: the case of discussion. *Teaching and Teacher Education*, 80, 157–166.

［65］Halász, G., & Looney, J.（2019）. Teacher professional competences and standards. Concepts and implementation. *European Journal of Education*, 54

（3），311–314.

［66］Hammerness, K.（2013）. Examining features of teacher education in Norway. *Scandinavian Journal of Educational Research*, 57（4），400–419.

［67］Hammerness, K., & Klette, K.（2015）. Indicators of quality in teacher education: looking at features of teacher education from an international perspective. In G. K. LeTendre & A. W. Wiseman（Eds.）, *Promoting and Sustaining a Quality Teacher Workforce*（pp. 239–77）. Bingley: Emerald Publishing.

［68］Hanushek, E.（2002）. Teacher quality. In L. Izumi & W. Evers（Eds.）, *Teacher Quality*（pp. 1–12）. Stanford, CA: Hoover Institute Press.

［69］Harvey, L.（2007）. The epistemology of quality. *Perspectives in Education*, 25（3），1–13.

［70］Harvey, L., & Knight, P. T.（1996）. *Transforming higher education*. Bristol: Open University Press.

［71］Henry, J.（2020）. The cinematic pedagogies of underprepared teachers. *Teaching and Teacher Education*, 89, 102990.

［72］Hiebert, J., Gallimore, R., & Stigler, J. W.（2002）. A knowledge base for the teaching profession: what would it look like and how can we get one? *Educational Researcher*, 31（5），3–15.

［73］Hillage, J., Pearson, R., Anderson, A., & Tamkin, P.（1998）. *Excellence in research on schools*. Sudbury: Department for Education and Employment.

［74］Holmes Group（1986）. *Tomorrow's teachers: a report of the Holmes Group*. East Lansing, MI: Holmes Group.

［75］Hulme, M., Rauschenberger, E., & Meanwell, K.（2018）. *Education symposium: creating a world class teaching system*. Manchester: Manchester Metropolitan University.

［76］Ing, M., & Loeb, S.（2008）. Assessing the effectiveness of teachers from different pathways: issues and results. In P. Grossman & S. Loeb（Eds.）, *Alternative Routes to Teaching: Mapping the New Landscape of Teacher Education*（pp. 157–85）. Cambridge, MA: Harvard Education Press.

［77］Jerrim, J.（2011）. *England's 'plummeting' PISA test scores between 2000 and 2009: is the performance of our secondary school pupils really in relative decline*. Retrieved from: DoQSS Working Papers 11–09, Quantitative Social Science – UCL Social Research Institute, University College London.

［78］Jones, J., & Ellis, V.（2019）. Simple and complex views of teacher development. In *Oxford Education Research Encyclopedia*. Oxford: Oxford University Press.

［79］Kennedy, A.（2018）. Developing a new ITE programme: a story of compliant and disruptive narratives across different cultural spaces. *European Journal of Teacher Education*, 41（5）, 638–653.

［80］Kumashiro, K. K., Neal, L. V. I., & Sleeter, C.（2015）. *Diversifying the teacher workforce: preparing and retaining highly effective teachers*. London: Routledge.

［81］Labaree, D. F.（2006）. *The trouble with ed schools*. New Haven: Yale University Press.

［82］Lemov, D.（2010）. *Teach like a champion: 49 techniques that put students on the path to college.* San Francisco: Jossey-Bass.

[83] Ling, L. M. (2017). Australian teacher education: inside-out, outside-in, backwards and forwards? *European Journal of Teacher Education*, 40 (5), 561-571.

[84] Lortie, D. C. (1975). *Schoolteacher.* Chicago: University of Chicago Press.

[85] Louden, W. (2008). 101 Damnations: the persistence of criticism and the absence of evidence about teacher education in Australia. *Teachers and Teaching: Theory and Practice*, 14 (4), 357-368.

[86] Mayer, D. (2017). Professionalizing teacher education. In *Oxford Research Encyclopedia of Education* (Vol. *1*).

[87] McCabe, C., Yanacek, H. , & the Keywords project (2018). *Keywords for today. A 21st century vocabulary.* Oxford: Oxford University Press.

[88] McNamara, O., Murray, J., & Phillips, R. (2017). *Policy and research evidence in the 'reform' of primary initial teacher education in England.* Cambridge Primary Review Trust Cambridge.

[89] Menter, I. (2017). Teacher education research. In *Oxford Research Encyclopedia of Education.* Oxford: Oxford University Press.

[90] Menter, I., Hulme, M., Elliot, D. et al (2010). *Literature review on teacher education in the 21st century* (Scottish Government Social Research Ed.). University of Glasgow.

[91] Mezirow, J. (2000). *Learning as Transformation: Critical Perspectives on a Theory in Progress.* The Jossey-Bass Higher and Adult Education Series. San

Francisco, CA: Jossey–Bass Publishers.

[92] Mockler, N. (2013). Teacher professional learning in a neoliberal age: audit, professionalism and identity. *Australian Journal of Teacher Education* (*Online*), 38 (10), 35–47.

[93] Moon, B. (2016). Building and agenda for reform of teacher education and training within the university. In B. Moon (Ed.), *Do Universities Have a Role in the Education and Training Teachers? An International Analysis of Policy and Practice* (pp. 251–62). Cambridge: Cambridge University Press.

[94] Moore, A. (2004). *The good teacher: dominant discourses in teaching and teacher education.* London: RoutledgeFalmer.

[95] Mutton, T. (2020). Teacher education and Covid–19: responses and opportunities for new pedagogical initiatives. *Journal of Education for Teaching,* 1–3.

[96] Netolicky, D. M. (2019). *Transformational professional learning: making a difference in schools.* Abingdon: Routledge.

[97] New Zealand Ministry of Education (2017). *Teacher registration and certification policy review.* Retrieved from https:// teachingcouncil.nz/content/teacher–registration–and–certificationpolicy–review.

[98] Noell, G. H., Burns, J. M., & Gansle, K. A. (2018). Linking student achievement to teacher preparation: emergent challenges in implementing value added assessment. *Journal of Teacher Education,* 70 (2), 128–138.

[99] O'Flaherty, J., & Beal, E. M. (2018). Core competencies and high leverage

practices of the beginning teacher: a synthesis of the literature. *Journal of Education for Teaching*, 44（4）, 461–478.

［100］O'Neill, O.（2013）. Intelligent accountability in education. *Oxford Review of Education*, 39（1）, 4–16. doi:10.1080/03054985.2013. 764761.

［101］OECD（2005）. *Teachers matter: attracting, developing and retaining effective teachers*. Paris: Organisation for Economic Co–operation and Development（OECD）Publishing.

［102］Orchard, J., & Winch, C.（2015）. *What training do teachers need? Why theory is necessary to good teaching*. PESGB: Salisbury.

［103］Pachler, N.（2013）. Interesting times' or teacher education and professionalism in a brave new world. In M. Evans（Ed.）, *Teacher Education and Pedagogy*: *Theory, Policy and Practice*（pp. 23–40）. Cambridge: Cambridge University Press.

［104］Philip, T. M., Souto–Manning, M., Anderson, L., Horn, I., Carter Andrews, D. J., Stillman, J., & Varghese, M.（2018）. Making justice peripheral by constructing practice as 'core': how the increasing prominence of core practices challenges teacher education. *Journal of Teacher Education*, 70（3）, 251–264.

［105］Pring, R.（2017）. Research and the undermining of teacher education. In M. A. Peters（Ed.）, *A Companion to Research in Teacher Education*（pp. 609–20）. Dordrecht: Springer.

［106］Rauschenberger, E., Adams, P., & Kennedy, A.（2017）. *Measuring quality in initial teacher education: a literature review for Scotland's MQuITE Study*

（S. C. o. D. o. E.（scde.ac.uk）Ed.）. Edinburgh: Scottish Council of Deans of Education（scde. ac.uk）.

[107] Richert, A. E.（1997）. Teaching teachers for the challenge of change. In J. Loughran & T. Russell（Eds.）, *Teaching about Teaching*（pp. 73–94）. London: The Falmer Press.

[108] Sachs, J.（2003）. *The activist teaching profession.* Maidenhead: Open University Press.Sachs, J.（2015）. Teacher professionalism: why are we still talking about it? *Teachers and Teaching*, 22（4）, 413–425.

[109] Sahlberg, P.（2010）. Educational change in Finland. In Hargreaves, A., Lieberman, A., Fullan, M., Hopkins, D.（Eds.）, *Second international handbook of educational change*（pp. 323–48）. Dordrecht: Springer.

[110] See, B. H., & Gorard, S.（2019）. Why don't we have enough teachers?: A reconsideration of the available evidence. *Research Papers in Education*, 1–27.

[111] Skedsmo, G., & Huber, S. G.（2019）. Measuring teaching quality: some key issues. *Educational Assessment, Evaluation and Accountability*, 31（2）, 151–153.

[112] Sleeter, C.（2019）. Considering core assumptions about what it means to teach. *Teachers College Record*, 121, 1–4.

[113] Sloat, E., Amrein–Beardsley, A., & Holloway, J.（2018）. Different teacher–level effectiveness estimates, different results: inter–model concordance across six generalized value–added models（VAMs）. *Educational Assessment, Evaluation and Accountability*, 30（4）, 367–397.

[114] Smith, B. A. (2015) . 'If you cannot live by our rules, if you cannot adapt to this place, I can show you the back door.' A Response to New forms of teacher education: connections to charter schools and their approaches. *Democracy and Education*, 23 (1), 13.

[115] Smith, I., Brisard, E., & Menter, I. (2007) . Models of partnership developments in initial teacher education in the four components of the United Kingdom: recent trends and current challenges. *Journal of Education for Teaching*, 32 (2), 147–164.

[116] Stitzlein, S. M., & West, C. K. (2014) . New forms of teacher education: Connections to charter schools and their approaches. *Democracy and Education*, 22 (2), 2.

[117] Stobart, G. (2008) . *Testing times; the uses and abuses of assessment.* Abingdon: Routledge.

[118] Tao, S. (2016) . *Transforming teacher quality in the global south: using capabilities and causality to re-examine teacher performance.* Hampshire: Palgrave Macmillian.

[119] Tatto, M. T. (2021) . Developing teachers' research capacity: the essential role of teacher education. *Teaching Education*, 32 (1), 27–46.

[120] Tatto, M. T., Burn, K., & Menter, I. et al (2017) . *Learning to teach in England and the United States: the evolution of policy and practice.* Abingdon: Routledge.

[121] Tatto, M. T., Richmond, G., & Carter Andrews, D. J. (2016) . The research we

need in teacher education. *Journal of Teacher Education*, 67（4）, 247–250.

［122］Teacher Education Exchange（2017）. *Teacher Development 3.0: How we can transform the professional education of teachers*. London: Teacher Education Exchange.

［123］Thomas, M. A., Rauschenberger, E., & Crawford–Garrett, K.（2020）. *Examining teach for all: international perspectives on a growing global network*. Abingdon: Routledge.

［124］Vagi, R., Pivovarova, M., & Barnard, W.（2019）. Dynamics of preservice teacher quality. *Teaching and Teacher Education*, 85, 13–23.

［125］Van Der Lans, R. M.（2018）. On the 'association between two things': the case of student surveys and classroom observations of teaching quality. *Educational Assessment, Evaluation and Accountability*, 30（4）, 347–366.

［126］Van Der Schaaf, M., Slof, B., Boven, L., & De Jong, A.（2019）. Evidence for measuring teachers' core practices. *European Journal of Teacher Education*, 42（5）, 675–694.

［127］Veltri, B. T.（2010）. *Learning on other people's kids: becoming a teach for America teacher*. Charlotte: IAP.

［128］Watson, C.（2018）. From accountability to digital data: the rise and rise of educational governance. *Review of Education*, 7（2）, 390–427.

［129］Whiting, C., Whitty, G., Menter, I., Black, P., Hordern, J., Parfitt, A., ⋯ Sorensen, N.（2018）. Diversity and complexity: becoming a teacher in England in 2015–2016. *Review of Education*, 6（1）, 69–96.

[130] Williams, R. (1976). *Keywords: a vocabulary of culture and society*. London, UK: Fontana.

[131] Zeichner, K. (2017). *The struggle for the soul of teacher education*. Abingdon: Routledge.

[132] Zhao, Y. (2018). The changing context of teaching and implications for teacher education. *Peabody Journal of Education*, 93 (3), 295–308.

[133] Zumwalt, K., & Craig, E. (2005). Teachers' characteristics: research on the indicators of quality. In M. Cochran–Smith & K. Zeichner (Eds.), *Studying Teacher Education: The Report of the AERA Panel on Research and Teacher Education* (pp. 157–260). Washington, DC: American Educational Research Association.

致谢

多年来，许多教师教育工作者慷慨地同意参与我的研究，他们的同事、学生和机构也慷慨地允许我使用他们的办公场所和课程，采访他们的学生与合作伙伴，没有他们的支持，本书的研究工作就不可能完成。在这里特别要感谢伊莱恩·夏普林（Elaine Sharpling）在威尔士视角方面所提供的富有洞察力的意见和支持。

译者后记

作为一名师范专业的毕业生，翻译《质量：教师教育中的关键词》这本书的过程，不仅是一次学术上的探索，更是一次心灵上的回溯之旅。它时常引领我穿越回那段青涩而美好的本科学习生涯，那是我人生中无比充盈、沉静的四年时光。

对于"教师"这份职业的向往，是我自小便在心中播下的种子。成为一名师范生，是这颗种子在春天的雨露中滋养萌芽。回首大学前两年的时光，每周我都严格要求自己进行书法练习，用毛笔练习正楷，感受着笔锋在宣纸上的流转，硬笔书法则聚焦于行楷，笔尖灵动而富有韵律，再后来则是练习黑板板书，这是师范生需要具备的重要技能——"三笔字"。除了学习汉语言文学的相关课程，我还需要学习教育学、心理学等和教师教育密切相关的课程。此外，在讲台上模拟教学、进行教学设计等也是需要"过关"的环节。步入大三、大四年级后，学校安排我们到绵阳南山中学见习、观摩，我还有幸在中学时期的母校——四川省成都市青白江中学实习两个月，为两个高一班级的近100名学生教授高中语文课程，这是我第一次真正意义上站在了三尺讲台上，感受到了作为一名教师的责任与荣耀。

这些弥足珍贵的学习、工作经历都让我对于如何成为一名教师有了极其深刻地认识和理解，也让我更加坚定了自己投身教育事业的决心。正所谓，一支粉笔绘春秋，三尺讲台存日月。在那方小小的讲台上，承载着教育者的使命与初心，见证着岁月的流转与教育的力量。

十六年过去了，这些过往的回忆依然清晰如昨，它们像电影一样在我的脑海中回放，勾勒出一个预备教师的身影。我从师范院校毕业，又机缘巧合地留在师范院校工作，对于教师教育有着天然的、浓厚的情感，也从未停止过关于"什么是教育""什么是教师教育""什么是优质教师教育"的思考。我深信，这一议题不仅关乎教师个人的成长与发展，更对未来师范教育的发展具有举足轻重的意义。

翻译这本书的过程，是一个与原著作者——克莱尔·布鲁克斯先生"隔空对话"的过程，我非常认同克莱尔·布鲁克斯先生所说的"高质量的教师教育很难被定义"。在本书中，克莱尔·布鲁克斯先生批判性地指出，教师教育质量呈现出复杂性和多维度特征，"质量"在教师教育中被广泛使用却定义模糊，常常沦为政策口号或经济指标的附庸，从而忽视社会背景的影响。同时，他也指出了教师教育所面临的挑战。首先，政策驱动的标准化和问责制（如教师标准、核心内容框架）导致教育实践技术化，抑制了创新和批判性反思。其次，大学主导的教师教育因"理论与实践脱节"备受批评，而替代性路径（如学校主导项目）虽多样化但存在质量争议。最后，他通过对跨国案例的分析与理论批判，揭示了教师教育中"质量"的深层矛盾，呼吁回归教育的本质——通过变革性学习培养具备社会责任感与批判能力的教师。

在中国，高质量教师教育是每一个教育学人、每一所高师院校都极其关注的问题，克莱尔·布鲁克斯先生的观点对于我们思考推进师范教育高质量发展有着重要的启示意义。书中提到的英格兰"学校直通车"项目启示我们，可在保持师范院校主体地位的基础上，探索"大学—中小学"（U–S）协同育人模式，应该鼓励优质中小学参与师资培养。又如，我们可以借鉴书中提出的"教师教育实践模型"，在"省属师范院校—地方中小学—区域教研机构"协同中，形成适应乡村振兴等不同需求的特色化培养方案。总体说来，本书以"质量"为切入点，系统解构了这一教育政策话语中的核心概念。此外，突破了传统质量评估的量化范式，强调教育作为价值增值过程的本质，这种分析为教师教育评价提供了新的维度。

在此，我不禁要向原作者克莱尔·布鲁克斯先生致以诚挚的谢意，他为我思考和探索教师教育相关问题提供了宝贵的全球视野、丰富的国际经验和深刻的理论反思。本书中文译著的问世，离不开西北师范大学王兆璟先生、四川师范大学张烨先生的大力推荐。此外，我还要特别感谢唐文焱老师的加盟和指导，感谢蒋若凡老师给予的关心和帮助。同时，本书的编辑许润田女士的专业和才智，正如她的名字所寓意的那样"温润心田"，为本书的出版增添了无限光彩。本书还有幸受到了四川省社会科学重点研究基地美学与美育研究中心的资助（项目名称：美育浸润背景下成都市中小学美育课程调查与研究；项目编号：24Z002）。正是得益于诸位先生、老师和编辑团队的鼓励、帮助，这本译著才得以顺利地呈现在中国广大读者面前。而我对"高质量教师教育"的思索，才刚刚开始……

最后，鉴于译者学识有限，书中疏漏之处在所难免，请广大专家、读者不吝赐教、批评指正。

温沙沙

2024 年 12 月 17 日于狮子山